2018
개정판

B2C영업 블루오션시리즈 3

B2C 영업 실전전략

Business to Consumer

성공적인 가격협상을 하고,
까다로운 고객에 지혜롭게 대처하라!

2018
개정판

B2C영업 블루오션시리즈 3

B2C영업 실전전략

Business to Consumer

성공적인 가격협상을 하고,
까다로운 고객에 지혜롭게 대처하라!

송균석 · 노진경 지음

이담
Books

개정판을 내며

　대학교를 졸업하고 처음 시작한 일이 "개인의 성공계획서 작성"이라는 미국의 자기 개발서인 성공매뉴얼을 판매하는 일이었다. 영업에 대한 지식이 전무한 상태에서 시작한 영업이 지금은 영업실무자들을 대상으로 영업에 대한 강의를 하는 수준에까지 이르렀다. 돌이켜 생각해보면 처음 영업을 할 때는 영업에 대한 이해도 없이 무조건 열심히 사람을 만나면 성과를 올릴 수 있을 것이라는 기대로 일을 한 것 같았다. 그러면서 나름대로 영업을 잘할 수 있는 방법을 찾고자 책을 읽어보기도 했지만 내가 원하는 답을 주는 책을 만나기 어려웠다. 대부분의 영업 관련 책들은 특정한 영업상황에 대한 대응법과 대화 및 화법, 설득기법, 도전, 열정, 끈기 등등에 대한 내용이었다. 이러한 것이 영업실무자들에게 매우 필요하다는 것을 인정하면서 열심히 읽고 활용하려고 무척이나 애를 쓴 것 또한 사실이다. 하지만 내가 원했던 것은 영업도 하나의 업무인데 이 업무를 올바르게 준비하고 수행하기 위해 필요한 프로세스와 매뉴얼과 같은 것이었다.

　이때 다행스럽게도 내가 만난 것이 카네기 훈련 프로그램이었다. 이 훈련 프로그램을 B2B고객과, B2C고객을 대상으로 영업하면서 카네기 프로그램 영업매뉴얼과 영업시나리오를 만났고, 영업매뉴얼과 영업시나리오의 매뉴얼이 주는 가치를 알게 되었다. 다른 업무와 마찬가지로 영업매뉴얼은 영업의 기초체력과 능력을 다지는 것이다. 기초가 튼튼해야 다양한 상황에 대한 대응력을 발휘할 수 있다는 것을 카네기 훈련 프로그램에서 만난 세일즈 키트를 통해서 알게 되었다.

이러한 경험을 토대로 지금은 영업실무자들을 대상으로 강의하면서 내가 가장 강조하는 것은 영업에 대한 기본적인 지식, 기술 그리고 태도이다. 고객을 접촉하고 상담을 하며, 계약을 받기까지의 영업상황은 시시각각으로 변한다. 이 모든 상황에 적절하게 대응하고, 고객을 만족시키며, 고객을 설득하는 데 성공해야만이 영업에서 성과를 올릴 수 있다. 가끔은 강의에 참석한 분들 중에 내 강의가 너무 기본적인 것이라는 평을 한다. 하지만 영업경험이 1년이든, 5년이든 아니 10년이든 고객을 발굴하고 접촉하며 반대를 극복하고 설득하는 과정은 똑같다는 것이 나의 생각이다. 경력이 많으면 상황에 대처하는 능력이 좋아질 뿐이다. 10년 경력을 가진 영업실무자 혹은 관리자가 만나는 고객이 10년을 거래한 고객이 아니며, 신규고객도 있다. 따라서 어떠한 고객이든 처음 만나서 계약을 받을 때까지 영업업무의 기본적인 프로세스는 어떤 영업실무자든 충분히 갖추어져 있어야 한다는 것이 나의 생각이다.

B2C영업 블루오션 시리즈를 쓴 지도 5년이 지났다. 그동안 많은 분들이 이 책을 통해 영업에 대한 기초체력을 쌓는 데 도움이 되었으리라 생각을 한다. 개정판을 다시 준비하면서 좀 더 실제적이고 현업에 활용 가능하면서도 영업의 기초체력을 쌓는 데 많은 도움이 되는 내용을 수정, 보완 및 추가하였다. 책이나 교육훈련이 필요한 이유 중 하나는 시간의 흐름과 경험을 통해 배울 수 있는 것을 짧은 시간에

학습할 수 있고, 이를 통해 경험학습비용을 최소화할 수 있다는 것이다. 경험학습비용을 줄인다는 것은 그만큼 시간을 효과적으로 활용할 수 있다는 것을 의미한다. 물론 이 책의 모든 내용이 독자들의 영업현실과 다소 차이가 날 수 있다. 그 차이를 메우는 것은 독자들이 이 책의 내용을 잘 소화해 스스로 자신의 영업상황에 활용할 수 있는 새로운 아이디어를 발굴하는 것이다.

영업은 누구나 할 수 있지만 아무나 최고의 영업실무자가 되지는 않는다. 영업은 운이 좌우하는 것이 아니다. 철저한 준비와 계획, 전략과 전술이 병행되어야 한다. 이번 개정판을 통해 영업에서 성공을 꿈꾸는 많은 분들이 영감을 얻고 또 새로운 지식과 기술을 얻었으면 하는 간절한 바램을 가져본다.

노진경 경영학박사

머리말

　고객은 다양한 이유로 영업실무자의 제안을 거절한다. 고객은 영업실무자의 제안을 거절하는 것을 습관적으로 한다. 때로는 전혀 예상하지 못하거나 말도 안 되는 이유를 대면서 영업실무자의 제안을 들으려 하지 않는다. 영업활동의 초기 단계인 상담 신청할 때도 영업실무자의 제안을 거절하거나 저항 또는 무시하지만, 영업을 진행하는 중간이나 마지막 단계에서도 거절을 한다. 유능한 영업실무자는 이러한 고객의 부정적인 반응(거절, 거부, 반대, 오해, 의심 등) 혹은 행동을 이해하는 차원을 벗어나 고객의 반대를 극복하고 그러한 고객을 대상으로도 정상적인 영업활동을 할 수 있어야 한다.

　고객은 자신이 필요해서 상품과 서비스를 구매하지만 그 상품과 서비스를 판매하는 사람의 태도와 자세, 매너, 영업상담 능력 등도 중요하게 생각한다. 고객은 자신의 마음에 들고 믿을 수 있으며, 자신을 이해하며 코드가 맞는 판매사원 혹은 영업실무자와 거래하는 것을 좋아한다. 그리고 그러한 영업실무자에게 선물(추가구매, 다른 가망고객 추천 등)을 주기도 한다. 영업실무자의 이러한 고객과 거래에 대한 신뢰구축과 인간관계구축에 대한 능력은 또 다른 영업의 차별화를 가능하게 해 준다.

　고객은 자신의 구매유형이나 스타일에 맞는 방법으로 자신에게 접근하는 영업실무자와 거래를 하기를 원한다. 고객이 가진 구매패턴과 구매유형은 다양하다. 개인적인 지식 자랑이든, 전문가적인 능력을 활용하든, 아니면 자신의 필요(니즈)를 숨기는 등의 다양한 반응과 태도로 구매 행동을 한다. 화를 내기도 하고 영업실무자의 작은 실수를 꼬투리 삼아 영업실무자를 압박하기도 한다. 영업실무자가 무엇을 물어도 대답하지 않거나 물에 물 탄 듯이 대답해 영업실무자를 힘들게 만들기도 한다. 전문가적인 능력을 갖춘 영업실무자가 되려면 이러한 고객의 반응, 행동, 태도에 대해 유연하고 탄력적이며 창의적으로 대응할 수 있어야 한다. 특히 B2C고객의 경우에는 이러한 개인적인 성향이 강하게 나타난다.

고객은 항상 가격이 비싸다고 엄살을 피우거나 구매 거절의 이유를 찾아낸다. 가격을 깎아 주면 구매하겠다고 한다. 그리고 가격을 깎아 주면 그 정도로는 어림도 없다고 하면서 가격을 더 깎아 달라고 하거나 또 다른 것을 서비스로 요구한다. 심지어는 생각하지 않은 고비용이 들어가는 것을 덤으로 요구하기도 한다. 영업실무자가 가장 힘들어하는 상황이자 많은 영업실무자들이 경험하는 고객의 반응이다. 최고의 영업실무자가 되기 위해서는 이러한 고객들에 대해서도 효과적으로 대응하는 기술이 필요하다.

앞의 시리즈 1, 2에서 강조하였듯이 영업실무자가 달성해야 하는 목표 중 하나는 마진(이익)을 많이 남기는 것이다. 이를 위해서는 고객의 모든 요구를 다 수용해 주어서는 안 된다. 그렇다고 무시해서도 안 된다. 고객과 효과적으로 가격을 협상(흥정)하는 것은 매우 중요한 영업실무자의 능력이다. 가격흥정의 수준과 결과는 곧 판매이익의 수준을 결정하기 때문이다. 고객의 거부 그리고 저항 등에 대해 효과적으로 대응하고 더 많은 기회를 만들 수 있어야 한다.

이번 시리즈 3에서는 고객의 거절과 저항을 극복하는 방법, 고객과 인간관계를 더 탄탄하게 구축하는 방법, 고객과 가격흥정을 효과적으로 하는 방법, 그리고 다양한 고객의 구매 행동과 태도에 효과적으로 대응하는 방법에 대해 알아보도록 한다.

노진경 경영학박사

Contents

Part 2.   상황에 효과적으로 대응하라

제1장 고객의 구매전략에 대응하라

Part **1**

고객을 움직여라

제1장
거절을 새로운 기회로 만들어라
(거절은 거절일 뿐이다)

⏩ 사례 1

고객과 우호적인 관계를 형성하고 진지하게 상담해 온 영업실무자 박기상 대리. 오늘은 상담을 마무리하고 계약을 하려고 고객을 방문하였다.

박기상: "그간 많은 검토를 하셨으리라 생각합니다. 상품의 가치에 대해서도 충분히 이해하셨다고 생각이 듭니다. 이제 결정을 하시는 것이 어떻겠습니까?"

고객: "그런데 말이오. 내가 듣기로 귀사는 서비스 시스템이 엉망이라고 하던데요. 내 친구 몇 명이 실제로 제대로 된 서비스를 받아본 적이 없다고 해서요. 그렇다면 나도 생각을 달리하는 수밖에 없어요." 하면서 박기상의 제안을 무시하고 더 이상 말을 하려 하지 않는다. 하지만 박기상 대리의 회사는 서비스 시스템이 좋다고 소문이 난 회사이다. 고객은 뭔가를 잘못 알고 있는 듯하다. 어떻게 이 고객을 설득할 수 있을까?

사례 2

고객: "그럼 가격은 20% 정도 깎아 주는 거죠? 서비스 기간도 좀 더 늘려 주시고요."

영업실무자: "무슨 말씀이신지요? 가격을 20%나 깎으면 저는 남는 것이 없습니다. 게다가 서비스까지 연장을 요구하시면……"

고객: "그 조건도 내가 많이 양보한 거예요. 정 어렵다면 다른 데를 알아봐야지 뭐……. 당장 사야 하는 것도 아닌데요."

영업실무자: "그러지 마시고 가격은 8% 정도로 안 되겠습니까? 서비스 기간의 연장은 제가 어떻게 알아보도록 하지요."

고객: "8%는 어림도 없어요. 그리고 서비스 기간 연장은 확실합니까? 만약에 나중에 말이 다르면 책임져야 합니다" 하면서 고객은 완강하게 자신의 조건을 주장하면서 영업실무자를 압박한다.

어떻게 대응을 하면 좋을까?

1. 거절의 이해 및 유형

고객은 다양한 이유와 방법으로 영업실무자의 제안을 거부 또는 거절한다. 고객은 자신의 모든 거절과 거부는 합리적이고 타당하다고 생각한다. 고객은 자신의 거절, 거부가 영업실무자에게 미치는 영향에 대해 신경을 쓰지 않는다. 때로는 의도적으로(목적-영업실무자를 압박해 더 좋은 조건으로 구매하기 위해-을 가지고) 영업실무자의 제안과 추가 영업활동에 대해 거부한다. 이러한 고객의 행동과 반응이 영업실무자를 힘들게 하는 것도 사실이다. 하지만 이러한 어려움이 영업실무자의 성취감을 더 강하게 만들어 주기도 한다. 어느 고객이 영업실무자를 반기고 제안을 기꺼이 수용하려 하겠는가? 아주 특별한 경우-고객이 스스로 구매 결정을 한-가 아니면 그러한 고객은 거의 없다.

따라서 고객의 거절과 거부, 반대는 항상 있는 것이고 또 고객의 이러한 행동을 당연한 반응으로 받아들일 수 있는 영업실무자가 되어야 한다. 그렇게 해야 곤란한 상황에서 보다 지혜롭게 대처할 수 있을 것이다. 고객은 영업실무자의 제안을 거절하거나 반대할 때 영업실무자의 대응 방법과 능력에 따라 자신의 다음 행동을 결정한다. 중요한 것은 이러한 고객의 부정적인 반응에 영업실무자는 의연하게 대처를 하고 흔들려서는 안 된다는 것이다. 일반적으로 고객은 구매 결정을 하기 전 2~3번 정도는 거절을 한다. 그리고 고객의 거절은 지금 구매를 하지 않겠다는 것이지, 영원히 구매를 하지 않겠다는 것은 아니다. 고객의 반대는 영업실무자의 제안에 대한 반대이지, 영업실무자에 대한 반대는 아니다. 따라서 첫 미팅, 이번 미팅에서 판매를 마무리하려는 성급함에서 벗어나야 한다.

이번 장에서는 고객의 거절과 거부의 종류와 이를 극복하는 방법 그리고 고객의 불평을 해소하고 고객이 계속 머물도록 하는 영업 스킬에 대해 알아보도록 한다.

1) 거절의 유형

영업실무자는 고객의 거절을 영업실무자 자체-인간적으로-를 거부하거나 거절하는 것은 아니라는 인식을 먼저 가져야 한다. 고객은 영업실무자가 제안한 상품과 서비스 그리고 거래 조건에 대한 거절을 하는 것이다. 따라서 영업실무자는 고객이 왜 거절을 하는지에 대한 분명한 이유를 파악할 수 있어야 한다. 진짜 거래를 거부하는 것인지, 아니면 다른 목적을 갖고 거절을 하는 것인지를 판단할 수 있어야 그에 따른 적절한 대응을 할 수 있기 때문이다. 고객은 다음의 이유와 유형으로 거절을 한다.

(1) 무관심 거절

고객이 "나는 흥미 없다", "관심 없다", "이미 알고 있다", "나는 됐다", "지나가다 그냥 어떤 상품이 있는지 보려고 들렀다" 등등의 말로 영업실무자의 제안을 초기에 거절하는 유형이다. 아마도 영업실무자가 가장 많이 듣는 고객의 거절 메시지들이고 반응일 것이다. 진짜 필요가 없을 수도 있지만, 고객은 아직 영업실무자의 제안을 제대로 듣지도 않았고 영업실무자가 제안하는 상품과 서비스의 가치를 경험하거나 확인하는 기호를 갖기 위해서 이러한 무관심의 반응을 보인다. 물론 이미 고객이 다 알고 있기 때문일 수도 있다. 따라서 대부분 고객은 초기에 영업실무자와의 상담(인사 정도를 나누는)을 어느 정도는 허용하지만 더 이상의 깊은 상담을 거부하기 위해서 이러한 메시지를 보내기도 한다.

따라서 이렇게 무관심을 보이는 고객, 거절을 하는 고객에게는 일단 고객에게 흥미가 있는 메시지를 통해 고객의 흥미를 끌어내야 하고, 고민하도록 해야 한다. 고객이 가치를 경험할 기회를 제공하거나 그 방법(샘플제공, 체험기회 등)을 제안할 수 있어야 한다. 다른 누군가가 사용한 성과 혹은 추천장, 소감 등의 내용을 스토리텔링으로 전달해 보기도 한다. 매장영업의 경우엔 때로는 고객이 상품을 구경하거나 비교하도록 가만히 두면서 고객의 행동을 관찰하는 것이 좋은 방법이기도 한다.

(2) 단순 거절

고객이 "필요 없다", "우리는 됐다", "그냥 새로운 상품이 나왔는지 구경하러 왔다" 등의 메시지로 거절의 의사를 표현한다.

이 거절은 영업실무자의 접근 자체를 원천 봉쇄하는 것이다. 고객이 가진 영업실무자에 대한 부정적 관점(물건을 팔려고 한다. 잘못하다가는 꼬임에 넘어가 필요 없는 물건을 살 수도 있다 등)에서 이러한 거부반응이 나올 수 있다. 이때는 고객의 관점을 변화시키는 노력을 먼저 하는 것이 좋다.

이러한 거절에는 우선 고객과의 관계구축과 공감대 형성에 먼저 집중을 해야 한다. 무리하게 상담을 전개하려 하지 말고 여유를 갖고 접근을 하는 것이 좋다. 기회가 되면 제안의 가치를 경험할 수 있는 계기를 만들어라. 추천을 받은 고객인 경우에는 추천자를 적극적으로 활용하도록 하라. 고객 주변의 지인이나 네트워크(영업실무자의 기존 고객)를 활용해 접근하라.

(3) 오해 거절

고객이 "~한 단점이 있다고 하던데요", "내 친구가 며칠 전에 구매하였는데 생각보다 좋지 않다고 하네요", "다들~한 부분에 문제가 있다고……" 등등의 잘못된 정보를 언급하면서 영업실무자의 상담 접근을 거부한다. 고객은 여러 가지 경로와 채널(친구, 방송, 인터넷 등)을 통해 상품과 서비스 가치에 대한 평가와 정보를 듣는다. 그기에는 영업실무자와 조직에 대한 정보수집도 포함되어 있다. 이러한 정보는 정확성에 한계가 있을 수 있다. 혹은 다른 사용자의 잘못된 정보를 근거로 영업실무자의 제안 전체에 대한 부정적인 판단을 할 수도 있다. 고객이 잘못 알고서 영업실무자를 공격하거나 압박하는 거절의 유형이다. 영업실무자로부터 많은 양보를 얻어 내기 위해 의도적인 오해를 보일 수도 있다. 이때는 고객의 오해가 어디에서 비롯된 것인지를 파악하는 것이 먼저다.

구매조건 등에 대한 오해의 경우에는 흥정 또는 가치경험의 기회를 제안해 고객의 오해를 풀 수 있어야 한다. 가치에 대한 잘못된 오해인 경우에는 근거자료와 사례를 제시하면서 고객의 오해를 풀어 준다. 절대로 고객을 공격하거나 비난하는 반응 혹은 메시지를 보내서는 안 된다. 고객이 오해를 하고 있을 때, 또는 고객의 오해가 영업의 기회가 되는지를 알아보기 위해 고객의 오해를 고객의 니즈로 바꾸어 표현을 해 고객의 의중을 파악해야 한다.

(4) 자랑 거절

고객이 "내가 잘 아는데⋯⋯", "내 주변의 사람들이 하는 말을 통해서 알고 있는데⋯⋯", "나도 이미 사용해 봤는데⋯⋯", "다른 유사 제품을 사용하고 있어 잘 아는데⋯⋯" 등의 말을 하면서 자신의 전문성혹은 지식을 자랑하면서 영업실무자의 제안을 원천적으로 봉쇄하려 한다.

고객은 자신의 지식과 정보의 량과 전문성 및 정확성을 확인하고자 하는 의도로 영업실무자의 제안을 거절할 수도 있다. 특히 전문적인 지식이나 기술을 가진 고객이 이러한 거절을 많이 한다. 이때에는 먼저 고객이 가진 정보를 주의깊게 듣고, 고객의 전문성과 의견, 지식을 인정한다. 그러면서 영업실무자의 제안과 비교해 차이를 파악한다. 근거, 사례 등을 준비해 논리적으로 설명한다. 필요하다면 고객의 전문성을 이용해 제품과 서비스의 가치검증을 부탁하는 것도 좋은 방법이다. 어떠한 경우든 고객과 논쟁을 해서는 안 된다. 고객으로부터 배우고 싶다는 말을 하면서 도움을 요청하는 것도 지혜로운 방법이다.

(5) 의심 거절

고객이 "~한 기능이 잘 작동이 되지 않을 것 같은데……", "지금 말한~한 서비스를 진짜로 해 주는가?", "처음 들어 보는 이야기인데……", "어떤 사람이 그런 말을……" 등의 표현으로 영업실무자의 제안 혹은 상담을 거부한다.

영업실무자의 제안에 대한 설명을 들은 후 고객은 상품의 가치에 대한 확신의 부족으로 의심의 반응을 보이는 거절이다. 의심하는 이유는 고객의 사전 정보와 영업실무자의 설명에 차이가 있거나, 영업실무자의 과장된 설명이 원인이 될 수도 있다. 따라서 고객의 사전지식을 확인하라. 그리고 어떠한 경우든 과장된 설명을 자제하라.

고객이 의심의 반응을 보일 때는 근거자료와 사례를 충분히 제시하면서 논리적으로 설명해야 한다. 직접 체험의 기회를 제공하라. 고객의 의심에 대한 강한 부정 및 반론은 오히려 고객의 의심을 증폭시킬 수 있다. 고객의 입장을 이해하고 차분히 하나씩 의심을 해소하는 데 집중하라.

(6) 핑계 거절

고객이 "돈이 없다", "비싸다", "이미 구매했다", "그 정도의 불편함은 문제가 되지 않는다", "이제까지 그것 없이도 별문제가 없었다" 등 다양한 이유를 동원해 영업실무자의 제안을 거절하거나 의사 결정을 연기하는 반응이다. 그리고 많은 영업실무자들은 고객의 이러한 거절에 속수무책으로 당한다. 즉, 고객의 이면을 파악하지 못하고, 가격을 깎아 주거나 향후의 영업활동과 성과를 고객에게 맡김으로써 고객에게 끌려 다니게 된다. 고객의 거부는 50%는 핑계(그냥 해보는 말, 행동)이다. 고객의 핑계 원인을 파악하라. 다른 이유를 숨기기 위한 연막전술일 가능성이 높다. 이때는 고객의 숨겨진 이면을 파악해 적절하게 대응하여야 한다.

(7) 협박 거절

고객이 "이 정도 제품을 그 가격에 사라고요!", "~을 해 주지 않으면 지금까지의 일은 없었던 걸로 하는 게 좋겠어요", "나는 더 이상 당신의 말을 믿을 수가 없습니다. 따라서~을 해 주든지 아니면 없었던 일로 해요."

고객은 더 이상 영업실무자와 대화를 거부하면서 감정을 폭발하거나 불편한 반응을 보이면서 영업실무자를 압박한다. 심한 경우에는 문전박대하면서 영업실무자의 접근 자체를 거부한다. 상담을 진행하는 데 터무니없는 이유로 영업실무자를 공격하면서 거절하는 경우이다. 때로는 영업실무자의 개인적인 부분에 대해서도 감정적인 반응을 보인다. 이때는 절대로 감정적으로 맞대응해서는 안 된다.

고객이 자신의 감정을 모두 쏟아 내도록 내버려 두라. 이때 고객을 무시하는 반응(먼 산을 보거나, 눈을 감거나, 다른 행동을 하는 등)을 보여서는 안 된다. 고객이 감정을 다 쏟은 후 조용해지면 이유를 물어라. 혹 상담 중 고객의 기분을 상하게 한 행동이나 메시지가 있는지 확인하고 사과하라. 상황이 정리되면 차분히 현안으로 들어가도 되는지 물어라. 고객의 강한 감정표현이 지속되면 한발 물러서서 다음 기회를 노려라.

(8) 협상 거절

고객이 "가격을 20% 깎아 주든지 아니면~한 서비스를 해 주든지……", "그 정도로는 어림도 없다. 더 많은 양보를 해 주면 검토를……", "도저히 이야기가 통하지 않는다. 다른 회사 제품을 알아보든지 하는 것이 좋겠다", "여기만 이 제품이 있는 것도 아니고……" 등의 말을 하면서 영업실무자를 압박한다.

이 거절은 고객이 의도적으로 판매조건을 강하게 거부하거나 자신에게 더 유리한 조건을 제안하면서 영업실무자를 압박하는 반응이다. 거래의 니즈-상품의 필요성-를 간접적으로 표현하는 것일 수도 있다. 물론 영업실무자가 수용할 수 없는 무리한 수준으로 제안하거나 흥정의 여지가 없는 수준으로 제안하는 경우에는 거래의 거부를 표현하는 것일 수도 있다. 따라서 이러한 상황에서는 우선 고객의 구매의사를 타진하는 것이 중요하다. "그럼 가격조건만 맞으면 결정을 하실 겁니까?"라는 질문을 활용하면 된다. 고객의 반응이 긍정적이면 협상의 단계로 들어간다.

고객이 자신의 무리한 요구를 철회하지 않고 고수하거나, 영업실무자도 협상의 여지가 없다. 그래도 고객은 가격을 깎아달라고 하면서 계속 영업실무자를 압박한다. 이때는 조심스럽게 거래를 포기할 수도 있다는 반응을 보여줄 필요도 있다. 그래도 고객이 자신의 제안을 수정해 준다면 다시 이야기할 수도 있음을 넌지시 알린다.

오늘 거래가 성사되지 않더라도 고객이 고민할 수 있도록 새로운 제안해 다시 만날 수 있는 기회를 확보한다. 매장영업의 경우 고객이 다시 찾아오도록 하기 위해서 우호적인 관계를 형성하는 것이 좋다. "나중에 고객의 요구 조건을 수용할 수 있을 때 다시 제안하겠다"라고 하면서 다시 만날 수 있는 계기와 더 큰 기회를 확보하는 것이 좋다.

2. 반대 거절 극복의 기본 스킬

영업실무자는 고객의 거절과 반대에 당황하거나 어쩔 줄 몰라 하는 모습을 보여 주어서는 안 된다. 고객의 어떤 거절에도 다음의 방법으로 대응하도록 하라. 기본 원칙은 고객의 거절 혹은 반대를 그대로 인정(인정한다고 고객의 말에 동의하거나 제안을 그대로 수용하라는 것은 아니다)해 주면서 고객이 가진 이면-속내-을 파악하는 것이고, 다시 만나서 영업상담을 전개할 수 있는 기회를 만드는 것이다.

고객이 다시 만나야 하는 타당한 이유를 제안할 수 있어야 한다. 때로는 고객 역시 고민하도록 하는 것이 좋다. 고객에게 거래의 가능성과 재상담의 가능성이 항상 남아 있다는 여지를 알도록 하는 것이 중요하다. 우선 고객의 이면을 파악하는 방법은 아래의 기술을 활용하도록 하라. 그리고 고객의 어떤 거절에도 다음의 방법을 사용하도록 하라.

▷ 질문법

- "왜냐고?" 묻는다.
- "왜 그렇게 생각을 하시는지?"
- "어떤 점이 마음에 들고 또는 들지 않은지?"
- "특별한 이유가 있다면 말해 줄 수 있는지?"

▷ 사례법

사례들 든다 ➡ 기존고객이 얻는 가치에 대해, 추천장 등

- "이 자료를 보시면 다른 고객들도~한 문제 해결과 그 이익에 만족을 합니다."
- "이 정도의 이익이 있는 상품이라면 검토할 가치가 충분하다고 생각하는데 어떻게 생각하시는지요?"

▷ 인정법

- "가격이 비싸다는 이야기는 가끔 듣습니다. 하지만 이 상품은~ 한 특성과 문제 해결, 이익을 드리는 것으로 그 가치가 충분하다고 생각합니다."
- "사후 서비스는 매우 중요한 요소이지요. 그럼 서비스만 만족스럽다면 결정할 수 있는지요?"
- "충분히 이해합니다. 저라도 그 부분을 중요하게 여길 것입니다. 거기에 대해서 저희는……"

▷ 체면 자극법

- "이 정도의 가격에 부담을 느끼시는 것은……?"

- "○○께서 충분히 권한을 갖고 계신다고……"
- "이 정도는 충분히 결정하실 수 있다고……"
- "이 제품을 구매하실 의사가 있으시면 충분한 돈을 준비……"

▷ 근거 자료 제시법

- "이 자료를 보시면……"
- "여기 사진을 보시면 지인 중……"
- "그 의문에 대해서는~자료로……"
- "전문성 있는 기관에서 실험한……"

▷ 반론 제기법

- "비싸다고요! 먼저~한 이익과 비교를 해 보시면 생각이 달라지실 겁니다."
- "실제 사용에 있어 지금 우려하는 부분은 거의 발생하지 않습니다. 근거로 지난 수년간 한 번도 그 문제로 저희 고객들이 어려움에 처한 경우는 없습니다."
- "지금 말씀드린 서비스를 제공하는 회사는 저희밖에 없습니다."

▷ 나열법

고객이 얻는 이익을 나열하면서,

- "~한 문제 해결과~한 이익을 얻는 기회를 놓치시면……"
- "지금 말씀하신 문제뿐 아니라~한 부분의 불편함도 충분히 해소를 할 수 있습니다. 물론~한 문제 해결은 당연한 것이고요."
- "지금 구매하시면 특별 할인조건으로~큼의 비용을 절감……"

그리고 다음 달에는 가격이 올라갈 것으로……"

1) 거절·반대 대응 기법

고객의 거절·반대에 대해서는 다음의 대화구조로 대응하도록 하라.

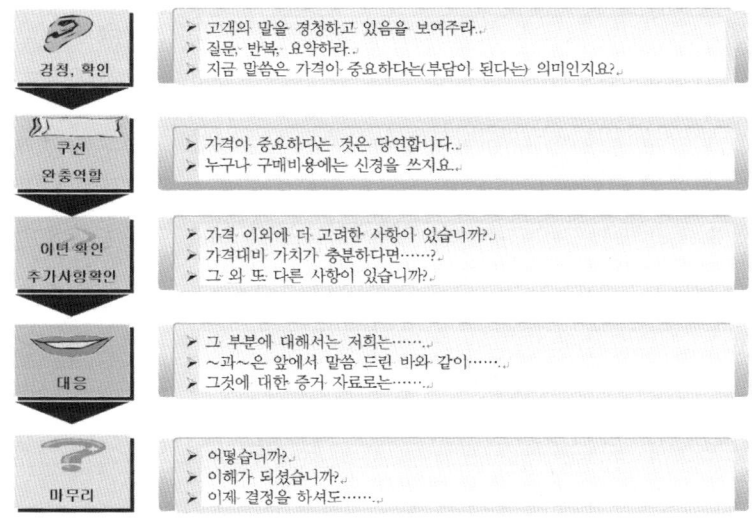

[그림 1-1] 고객 거절 대응구조

(1) 경청·확인

고객의 어떠한 거절·거부 메시지도 무시하거나 못 들은 척하지 마라. 그리고 영업실무자가 들은 내용, 즉 고객의 말을 올바르게 이해 하였는지를 확인하라. 고객의 말을 반복하거나 요약하면 된다. 때로 는 좀 더 구체적으로 이야기해 달라고 요청하기도 하라.

(2) 쿠션·완충 역할

고객의 거부 메시지를 인정, 이해한다는 것을 보여 준다. 고객이 불편해하는 마음을 이해한다는 것을 알려라. 거부의 강도를 완화할 수 있다.

(3) 이면 확인, 추가사항 확인

고객의 메시지 이면을 확인하고 추가적인 고려사항이 있는지, 처음 거부가 진짜인지를 파악하는 단계이다.

(4) 대응

각 거부에 대해 효과적으로 대응하라. 필요하면 근거자료, 사례 등을 총동원해 고객을 설득 혹은 이해시켜야 한다.

(5) 마무리

고객의 이해 정도와 거부 해소 정도를 확인하는 단계이다.

3. 상황별 대응 스킬

지금부터 알아보는 내용은 영업실무자들이 현장에서 겪는 고객들의 부정적인 반응과 태도들이다. 그리고 이러한 고객의 반응에 효과적으로 대응해 고객이 영업실무자의 제안을 검토하고 다시 만날 수 있는 기회를 만드는 대화기법들이다. 이 내용을 참고로 자신의 영업 상황과 고객의 반대에 맞는 대응법을 개발하기 바란다. 고객의 부정적인 반응에 대응하는 기본적인 사고는 항상 고객의 반응을 그대로 다 믿거나, 단정적으로 판단하지 말라는 것이다. 고객의 말과 반응에 대해 절반만 믿고 나머지 절반의 숨겨진 이유를 찾는 노력을 하여야 한다. 그다음으로는 고객이 고민하도록(검토하도록) 하는 제안을 해서, 다시 만날 수 있는 기회를 확보해야 한다. 다음의 방법을 활용해 고객의 다양한 부정적인 반응에 대응하도록 하라.

▷ **고객: "지금 바빠서······"**

· 한 가지만 확인하겠습니다. "혹~한 문제가 없으신가요? 혹~한 이익을 원하지는 않은지? 가족들로부터~한 불평은 없는지? 혹 ~한 것을 요청하지는 않은지요?"

· 한 말씀만 드리겠습니다. "~한 가치를 제공해 드리려는데 만나서 보여 드릴 자료도 있고요. 언제 시간이 되세요? 언제 전화를 드리면 될까요?"

· "그럼 이 자료만 검토 부탁드립니다" 하면서 고객이 얻을 수 있는 사례, 근거 자료를 제시해 반응을 살핀다.

· "나중에 구매하는 것보다 구매비용을~만큼 절약할 수 있는데 한 번 보시겠습니까?"

· 카탈로그를 주고 검토를 바란다고 하면서 물러서지 마라. 군이 이러한 자료를 제공해야 할 때는 고객이 검토할 부분을 표시해 주도록 하라.

▷ **고객: "지금 나가봐야 한다"**

· 강력한 세일즈 톡을 던져라. ➡ "~한 이익을 원하지 않으시는

지?"

- "이메일을 주시면 도움이 되는 자료를 보내드리겠습니다."
- "한 가지만 확인을 해보세요."
- "어디로 외출을 하시는지, 방향이 같으면 동행을 하는 건 어떨까요?"

▷ 고객: "지금 충분하다"

- 인정하라.
- 차별화를 강조 - 지금 거래처의 불평 찾기
- "지금 만족하신다니 다행입니다. 혹 사용 중~한 불편은……~한 것이 해결되기를 바라…… 편리함을 원하지는 않는지"
- "왜 그 제품을 구매하셨는지요?"
- "구매 후 효과/성과에 만족하는지요?"
- "지금 충분하다는 말씀이~한 문제가 없다는 것인지 아니면 이미 해결한 것인지?"
- "~한 이익을 볼 수 있음을 알고 있는지"

▷ 고객: "지금 사용하는 제품의 상태가 좋다"

- "예, 좋습니다. 혹 제가 몇 가지 점검을 해도 되겠습니까? 저도 그 분야의 전문가니까요."
- "혹~한 불편함은 없으신지, 그것을~까지 해결을 하는지……?"
- "나중에~한 문제가 발생 시 도움이 되는 자료를(혹은 조언을) ……"
- "기존 영업실무자는~한 부분까지 신경을 써 주는지?"

- "그 제품이~한 장점도 갖고 있다는 것을 알고 계시는지?"

▷ 고객: "지금 쓰고 있는 것을 버리기 아깝다"

- "예, 충분히 이해합니다. 굉장히 알뜰한…… 그것에 도움을 드리고자~한 것이~만큼 절약이 된다면……"
- "혹~한 비용이 들지 않는지?~한 불편함은 없는지요?"
- "사용하신 지는 얼마나 되었는지요?~한 문제는 발생하지 않는지요?"
- "혹 지금의 절약하고자 하는 마음을 그 제품의~한 부분이 힘들게 하지는 않는지?"

▷ 고객: "오늘은 시간이 없다"

- "~한 이익을 위하여 10분 정도의 시간을 허락할 수는 없는지요?"
- "~한 편리함 혹은 문제 해결에 도움이 되는데 언제가 좋을까요?"
- "그럼 다시 약속을~와~중 어느 날이 편하신지?"
- "그럼 이 샘플을 먼저 사용해 보시고 생각해보세요."
- "한 가지만 말씀을…… 혹~한 이익을 원하지 않습니까?" 등

▷ 고객: "다음에 이야기하자"

- "언제가 좋은지?"
- "~한 혜택을 얻을 기회를 연기하시겠어요?"
- "그럼 이 자료만 검토해 주세요. 그리고 언제가 좋으신지. 저

는~와~때가 좋은데요."

- "다음에는~한 혜택(한정판매, 판촉할인 등)이 줄어드는데 괜찮으시겠어요?"

▷ **고객: "나중에 전화하겠다"**

- "예! 감사합니다. 언제쯤 전화를 주시겠는지?"
- "화요일, 수요일 중 언제 제가 전화를 드리는 것이 편하신지?"
- "이번 주에 혹은 다음 주에 연락드릴게요."
- "전화를 주실 때 도움을 드리고자 이메일로 간단한 자료를 보내드릴게요. 이메일 주소를 알려주세요."

▷ **고객: "나중에 생각해 보겠다. 검토 후 연락을 주겠다"**

- "검토해 주신다는 데 대해 감사합니다. 어떤 이유로 나중에 생각을……"
- "언제쯤 결정을 주실 건지요? 어떤 결정을 기대해도……"
- "검토하시는 데 도움을 드리고자 자료를 간단히 소개해 드릴게요."
- "이메일을 알려주시면 검토에 도움이 되는 자료를 보내드릴게요."
- "언제 전화를 드리면 결정 사항을 알 수 있겠습니까?"
- "그럼 이 부분과~부분은 꼭 검토해 주시기 바랍니다. 저희가 드리는 최고의 이익입니다. 검토에 도움이 되는 자료는 따로 메일로 보내드릴게요."

▷ 고객: "구매한 지 얼마 되지 않았다"

- "그렇군요. 제가 한발 늦었습니다. 이왕에 구매를 하셨으니 제가 전문가도 조언을…… 몇 가지 확인을……"
- "혹~한 문제도 해결이 되는지 알고 계신지"
- "~한 서비스는 제공받으시는지"
- "구매를 하신 계기가 무엇입니까? 구매할 때 무엇을 중요하게 고려하시는지요? 그것에 만족하는지요?"

▷ 고객: "돈이 없어서, 예산이 부족해서"

- "충분히 이해합니다. 그럼 누가 그 결정을 하는가?"
- "이 정도는 충분히……"
- "구매계획은 있으시지요?"
- "당장은 없더라도 나중에……" ➜ 구매를 비용을 투자로 전환
- "할부……" 등의 조건을 제안 ➜ 고객의 구매 비용을 줄여 줄 수 있는 조건을 전략적으로 양보하는 방법

▷ 고객: "비싸다"

- "비싸다고 생각을 하는 것은 당연합니다. 왜 그렇게 생각을 하시는지?"
- "그래요? 다른 상품과 비교해 보셨는지…… 그 상품은~한 문제를 해결해 주는지…… 이익을 제공해 주는지"
- "어떤 조건이면 구매하시겠습니까?"
- "그럼 어떤 조건을 조정해 드리면……"
- "~한 문제 해결과 이익이 있는데 투자를 연기……"

- "비교하시는 상품과는 달리~한 이익을 갖고 있는데"
- "장기적으로 보면~한 혜택이 있는데……"
- "오늘 제 설명에서 어떤 부분이 도움이 되었는지요?"

▷ **고객: "여유가 없다"**

- "여유가 없는 것이 비용인지? 검토할 시간인지?"
- 비용이라면
  - "얼마면 가능하시겠습니까?"
  - "어떤 조건이면 가능하시겠습니까?"
  - "~한 이익을 생각하면 충분히 투자를 하셔도 좋을 것 같습니다."
- 시간이라면
  - "언제 검토를 하는지? 누구? 어떻게?" 등을 파악
  - "검토시간을 줄여 드리고자 제가 도와드릴 것이 무엇입니까?"
  - "구매 계획은 있습니까?"
  - "혹~한 문제 때문에 바쁘시지는 않은지? 저희가 그 문제를 해결하는 데 도움을 줄 수 있는데요."
  - "검토에 도움을 드리고자 자료를 드릴게요. 간단히 설명을 위해……"
  - "검토하시는 데 시간을 절약하고자 직접 샘플을 한 번 보시면…… 아니면 저희 매장을 방문해……"

▷ **고객: "더 싸지면 사겠다"**

- "얼마를 기다리면 원하는 가격으로 내려갈지…… 그때까지 한

문제를 계속 안고 가는 것이 부담이 되지는 않은지?"
- "왜 기다리는지"
- "이익을 비교해 보면…… 따라서~의 기간이 지나면 이익을 보실 수 없을 겁니다."
- "나중에는 가격이 더 올라갈 가능성이 높습니다."
- "그때까지 기다리는데~한 비용이 지급되는데……"
- "그때 가면 이미 이 제품은 유행이 지나서……"

▷ 고객: "○○○원이면 사겠다"

- "정말 그렇게 생각을……~한 이익을 그 정도의 금액으로……"
- "저도 그 가격이면 좋겠습니다. 솔직히 원하시는 가격을 알려 주시면 저희도 고민을 해보도록 하지요."
- "왜 그 가격을 원하는지 말씀해 주세요."
- "그럼 결제를 현금으로 해 주실 수 있는지?" ➜ 조건의 교환으로 접근, 가격의 수준에 맞춰 교환되는 조건도 파격적으로 요구할 것

▷ 고객: "필요할 때 구매를 하겠다"

- "그때가 언제가 될까요?"
- "~한 문제를 당장 해결할 수 있는데…… 계속 안고……"
- "~한 이익을 보는데 연기를……"
- "그때 가면 가격이……"
- "~한 문제 해결을 앞당긴다면 더 큰 이익이……"

▷ **고객: "~와 상의를……"**

- "감사합니다. 꼭 상의·검토 부탁드립니다. 검토 내용을 언제쯤 확인이 가능할지요?"
- "언제 그 결과를 알 수 있을까요?"
- "제가 그분을 만날 수는 있을까요?"
- "그분이 구매할 때 중요한 고려사항은 무엇인가요?"
- "결정권을 갖고 계신 것 같은데 왜 상의를 하시려는 건가요?"
- "제가~게 도와 드리면 어떨지요?"

▷ **고객: "아직은 구매할 때가 아니다"**

- "그럼 언제가 적당한 때라고 생각하십니까?"
- "~한 고민을 계속 안고……"
- "가족들이~한 불만을 제기하는 것으로 …… 그때까지 기다릴 까요?"
- "구매 계획에는 있는지?"

▷ **고객: "우리는 됐다"**

- "실례지만 무엇이 되었는지요? 됐다는 것에 대한 특별한 이유가 있는지요?"
- "그 말씀은 상품에 대한 불만입니까? 아니면 다른 이유입니까?"
- "제 설명이 부족한 건가요? 혹 궁금하신 점은 무엇입니까?"
- "혹 이미 구매하셨는지요? 그렇다면~한 것에 대해 알고 있는지요"
- "그 회사는~한 서비스를 제공해 주는지요?~한 지원을 해 주는 지요?"

- "제 설명이 부족한가요? 간단히 정리하면 몇 가지 확인을~을~ 한 문제 해결과~한 이익을 …… 이해를 하셨는지요? 그래도 아니면 어떤 이유로 됐다고 하시는 건지요?"

▷ **고객: "지금은 불경기라서……"**
- "미래 경쟁력을 위해 투자를 하세요. 그리고 이 정도면 충분히 미래를 위해 투자를 할 가치가 있어요."
- "그래서 저희도 고객님들의 부담을 덜어 드리고자~한 조건을 새로 추가했어요."

▷ **고객: "들어보지 못했다"**
- "죄송합니다. 저희 홍보가 부족해서요. 그럼 잘 되었다고 생각을…… 잠시……"
- "최근 시장·고객의~한 것에 대한 요구·불평이 나오고 있어서요. 기업들이 그 해결에 관심을…… 그래서 저희 제품이 인기를 얻고 있어요."
- "혹~한 문제는 ……,~한 것 때문에 고민이…… 그에 따르는 불편에 대한 해결책으로……"

▷ **고객: "관심 없다"**
- "왜 관심이 없으신지요?"
- "~한 문제는 없는지요?"
- "~한 혜택을 원하지 않는지요?"
- "혹 이 제품에 대해 기대하는 것이 있는지요?"

- "사용하신 경험 때문입니까? 그렇다면 구체적으로 왜? 아니면 애초에 관심이 없습니까?"

▷ 고객: "귀찮게 굴지 마라"

- "죄송, 제가 너무 진지해져서 귀찮으셨죠?"
- "제가 너무 열정적이어서~한 문제 해결이 가능한 것만은 기억을 해주시기를 바랍니다."
- "저는 고객님이 한 혜택을 빨리 보시도록 도와드리고자 하는 마음에서, 그럼 어떻게 하면 좋으실지?"
- "죄송합니다. 혹~에 관심이 없으신지요?"

▷ 고객: "신제품이 나올 때까지 기다리겠다"

- "그렇습니까? 왜 신제품이 나올 때까지 기다리기로? 특별한 이유가 있으신가요?"
- "신제품이라면 가격이 부담될 텐데, 괜찮으시겠습니까?"
- "혹 이 제품에 불만이라도? 요구하시는 기능이 있으신가요?"
- "문제를 갖고 계신다는 말씀이신데, 그 문제를 계속 안고 가는 것은 부담이……?"
- "만일 제품을 개발하신다면 어떤 수준이 되어야 할까요?"

▷ 고객: "보증기간이 짧다"

- "예, 보증기간은 매우 중요합니다. 그 외 다른 문제는 없나요?"
- "그렇다면 보증기간 문제만 해결되면 만족하시겠습니까?"
- "어느 정도를 원하시는지요? 그 이유는 무엇인가요?"

- "~한 기능으로 이 제품은~한 문제 발생이 현저히 낮기 때문에 이 자료를 보시면…… 그래도 보증기간이 짧다고 생각하십니까?"
- "그럼 가격을 약간 조정할 수 있으신지? 그러면 보증기간을 고려해보겠습니다."

영업실무자는 고객을 만날 때 자신이 제안하고자 하는 상품과 서비스의 가치를 명확하게 파악한 후 고객의 니즈와 반응에 맞는 상담을 전개해야 한다. 그리고 고객은 다양한 이유와 목적으로 영업실무자의 제안에 대해 거절과 거부를 한다는 것을 알고 그러한 상황에 충분히 대비해야 한다. 고객이 보여 주는 반응 이면의 이유 혹은 욕구를 파악하는 노력을 게을리해서는 안 된다. 고객의 어떠한 반응에도 일단 솔루션(이익, 문제 해결, 사례 등)으로 반대와 거절을 극복하라.

또한 조급하게 오늘 모든 상담을 마무리(계약을 받으려는 조급함)지으려 하지 마라. 영업실무자의 이러한 조급증이 오히려 고객의 저항을 불러온다는 것을 알아야 한다. 그리고 이 조급증으로 인해 양보하지 않아도 되는 조건의 양보를 하기도 한다. 고객은 자신이 필요한 것을, 자신이 필요할 때, 필요한 만큼, 편안한 방법으로 싸게 구매하려 한다. 이 5가지의 정보를 충분히 파악하지 않은 상태에서 판매하려는 영업실무자에 대해서는 대부분의 고객은 부정적인 반응을 보인다.

몇몇 영업실무자들은 고객의 거절과 반대에 위의 대화기법을 활용하는 것에 대해 부정적인 시각을 갖고 있기도 하다. 물론 자신이 영업스타일과 상황에 부적절하거나 사용하기 곤란한 것도 있을 것이다, 그럼 어떻게 고객의 거절과 반대를 극복할 것인가? 접대로? 무조건 고객의 결정을 기다리는 것으로? 끈질기게 고객을 물고 늘어지는 것으로? 이러한 영업이 가진 한계는 충분히 설명하였다. 유능한 영업실무자라면 고급스럽게 그리고 유연하게 고객의 거절과 반대를 극복할 수 있어야 한다. 그 방법을 발견하는 데 위의 내용들을 지침으로 자신만의 방법을 발견하도록 하라.

4. 고객의 불평을 해결하고 고객이 계속 머물도록 하라

　모든 고객이 자신이 구매한 상품과 서비스에 대하 100% 만족하는 경우는 없다. 그리고 구매한 상품과 서비스에 대해 불만을 느낀 모든 고객이 영업실무자 혹은 구매처에 불평을 표현하지 않는다. 때로는 상당수의 고객이 조용히 다른 회사로 옮겨 간다. 심지어는 공개적으로 혹은 법적으로 대응한다. 물론 구매처 혹은 구매를 한 영업실무자에게 자신의 불평을 말하면서 필요한 요구를 원하기도 한다. 이렇게 자신의 구매에 대한 불만을 표현하는 고객은 그만큼 그 상품과 서비스의 가치를 지속적으로 원한다는 것의 간접 표현으로 이해하고 이러한 고객의 불평에 효과적으로 대응할 수 있어야 한다. 그리고 고객을 만족하게 하는 것은 영업실무자의 중요한 능력이고 책임이자 의무이기도 하다. 고객이 만족하는 순간은 구매를 하는 순간이 아니고, 구매 후 자신이 기대한 가치를 얻고, 편리함을 누릴 때이다. 그래서 어쩌면 구매 후의 고객관계가 더 중요하다고 볼 수 있다.

　만족한 고객이 주는 혜택은 영업실무자의 기대 이상임을 잘 알 것이다. 만족하지 못한 고객이 주는 부정적인 영향도 알고 있을 것이다. 만족하지 못하고 불평·불만을 표현하는 고객이 계속 자사에 머물도록 하는 것은 매우 중요하다. 그러기 위해서는 고객의 불평불만을 효과적으로 처리해야 하다. 여기서는 고객의 불평이 발생하는 원인에 대한 이해를 바탕으로 고객의 불평을 처리하는 효과적인 방법에 대해 알아보자.

1) 불평 발생 원인

(1) 구매 후 부조화(Postpurchase Dissonance)

구매 후 발생하는 고객의 심리적 불편함으로, 그것은 거래 조건(더 좋은 조건으로 구매할 수도 있었다)일 수도 있고, 구매 후 사용하는 과정에서 발생하는 불만(기대한 효용이 낮거나, 가치가 낮은 것)들일 수도 있다. 고객은 상품에 대해 기술적인 전문가가 아니다. 하지만 고객은 자신이 구매한 상품의 가치를 쉽게 누리고자 한다. 따라서 이러한 고객의 욕구가 채워지지 않으면 불평과 불만이 발생한다.

(2) 구매 후 부조화가 발생되는 조건

① 구매 결정을 취소할 수 없을 때

② 선택한 대안이 갖지 않은 장점을 선택하지 않은 다른 대안(들)이 가지고 있을 때, 즉 다른 더 좋은 대체품이 있다는 것을 구매 후 인지하였을 때

③ 마음에 드는 대안들이 여러 개 있을 때 그리고 사용에 어려움이 있을 때 갖는 불평

④ 관여도가 높을 때는 고객의 요구수준이 높다. 따라서 작은 불만과 불편함 또는 어려움이 불평으로 이어진다.

⑤ 고객이 전적으로 자기 의사에 따라 결정을 하지 못하였을 때

⑥ 고객의 구매 목적이 해결되지 않을 때

⑦ 기대한 성능이나 기능이 떨어질 때 등

2) 불평에 대한 고객의 행동

(1) 무행동

그냥 참는다. 하지만 심리적인 불평은 계속 남아 있어 다음 거래에 부정적인 영향을 준다. 와튼스쿨의 '2006 소비자 불만조사'에 따르면 불만고객 중 63%가 침묵을 한다고 한다. 이 침묵하는 고객의 상당수는 브랜드 전환을 한다. 문제는 고객의 침묵으로 기업은 어떤 조치를 취해야 고객이탈을 막고, 자사 제품과 비즈니스 시스템의 경쟁력을 강화할 수 있는 기회를 놓친다는 것이다. 영업실무자 역시 자신의 고객이 이탈하는 이유를 알 수 없게 된다.

(2) 개인적 행동

· 부정적 구전 혹은 소문을 낸다. 특히 오늘날의 인터넷 세상에서는 이러한 고객의 불평이 천파만파의 영향을 미친다. 이러한 고객은 와튼스쿨의 조사에 따르면 31%이다. 이들 중 78%가 3명에서 5명에게 불평, 불만을 이야기한다고 조사되었다.

· 구매 거부 및 중지한다.

· 조용히 떠난다.

· 불평을 이야기하면서 해결을 요구한다.

(3) 공적인 행동

- 조직에 배상요구 혹은 적절한 조치 요구
- 법적 행동
- 사회단체 이용 등에게 불평, 불만을 이야기하는 소비자는 6%로 조사되었다.

3) 불평 처리 프로세스

불평, 불만을 표현하는 고객은 다음의 원칙을 갖고 신속하게 대응하는 것이 좋다.

(1) 먼저 사람을 다루고 문제를 다루어라. 감정을 다 표현하도록 하라.

(2) 정중히 그리고 진심으로 불편을 끼쳐 드린 데 사과하라.

(3) 공감을 보여 주라. 고객이 경험한 불편을 이해하고 공감하라.

(4) 고객과 함께 해결책을 찾아라.
- 이 문제를 어떻게 해결했으면 하나요?
- 어떤 것이 당신이 받아들일 만한 해결책이지요?
- 당신이 저라면 어떤 해결책을 제안하시겠습니까?
- ~을 해 드리는 것이 좋을까요? 아니면 ○○○을 해 드릴까요?

(5) 필요하다면 시키는 것은 무엇이든지 하라.

(6) 접촉을 유지하라. 조치에 대한 정보를 지속적으로 제공하라.

(7) 보상하라. 예외적인 서비스를 별도로 제공하라. 창조적 맞춤식 보상을 하라.

(8) 보상은 소모성이 있는 것으로 하라.

(9) 마무리를 잘하라.

<표 1-1>은 불평을 표현하는 고객과 대화하는 대화 구조이다. 영업실무자는 이 구조를 통해 고객의 불평에 효과적으로 대응하도록 자신을 준비해야 한다.

〈표 1-1〉 고객 불평처리 프로세스

사과하라	먼저 불평을 야기시킨 것에 대해 사과한다.
경청하라	신속하고 정확한 해결을 위해서 좀 더 자세히 알려 달라고 요청한다. 고객은 감정적이기 때문에 신중하게 요청하라.
공감하라	고객이 경험한 불편함에 대해 인정과 공감을 표한다.
감사하라	그리고 부족한 부분을 알려 준 것에 감사를 표한다.
질문하라	여기서 질문은 고객이 원하는 조치, 해결법을 요청한다.
조치를 설명하라	조직과 영업실무자가 할 수 있는 조치, 해결법을 알린다.
합의하라	고객이 요구하는 것과 영업실무자가 제안한 해결법을 두고 합의를 한다.
Follow-up 하라	처리 후 사후관리를 한다. 고객의 반응을 살피고 문제 해결의 수준을 확인한다.

1. 고객의 거절은 영업실무자에게 늘 있는 일이다.
2. 고객은 다양한 이유와 방법으로 영업실무자의 제안을 거절·거부한다.
3. 고객의 거절을 액면 그대로 믿지 말고 이면(속내)을 파악하라.
4. 고객과 만날 때 그 자리에서 모든 것을 결정하려는 조급함을 버려라.
5. 영업실무자의 조급함은 고객에게 심리적인 부담을 제공한다.
6. 불평하는 고객은 오히려 충성고객이 될 가능성이 크다.
7. 고객의 불평불만을 지혜롭게 해결하라.

제2장
고객관리의 달인이 되라

대형 은행 K와 거래를 하는 한 고객이 주택담보대출을 알아보고 있다. 그는 K은행과 수년간 거래를 해 왔고 현재도 상당한 잔고를 갖고 있으며, 특히 은행의 다양한 상품을 이용하고 있다. 이러한 상품을 이용하면서 수수료 또한 적지 않게 지불하고 있다. 그는 당연히 자신의 은행거래 실적과 자신을 통해 은행이 얻는 수수료 이익을 감안할 때 주택담보대출이 쉽게 가능할 것이라는 생각으로 은행을 찾았다.

그런데 그 은행의 대출 담당자는 고객의 이러한 거래 실적에는 관심이 없는 듯하다. 그러면서 복잡한 서류 작성을 요구하고 이자와 수수료 또한 일반대출과 동일한 이자와 수수료를 요구한다. 그 고객은 다소 불쾌하였지만 자신이 주택담보대출이 필요하기 때문에 이 정도는 참기로 하였다. 그런데 며칠이 지나도 대출 가능성에 대한 답이 없다. 갑갑해진 고객은 거래 은행의 지점장을 찾아가 자신의 상황을 이야기하면서 우대금리와 신속한 대출이 되도록 요청을 하였다. 그런데 그 지점장은 "우리 은행은 대출업무는 대출 담당자가 결정합니다. 제가 어떻게 개입할 수 있는 상황이 아닙니다"라고 대답한다.

실망한 고객은 다시 대출 담당자를 만났지만 "기다려 보라"는 말만 듣고 그 은행을 나섰다. 다음 날 그 고객은 주변의 다른 B은행을 찾아가 대출을 받았다. 그리고는 K은행의 모든 거래 상품과 잔고를 B은행으로 옮겼다.

나중에 이 사실을 알게 된 지점장이 중요한 고객을 잃었다고 대출담당자를 질책하자 "그건 저의 권한 밖입니다"라고만 한다. 지점장은 자신이 책임을 지겠다고 약속을 하고 겨우 대출 가능성을 열어 놓고 고객에게 전화하였지만 고객으로부터 "저는 더 이상 대출이 필요 없습니다"라는 답만 듣고 전화가 끊어졌다.

1. 고객관리의 필요성과 가치

영업실무자에게 있어 고객은 그 무엇보다도 중요하다. 특히 자신과 거래하고 있는 고객의 중요성은 더 말할 나위가 없다. 영업실무자는 늘 고객 확보 즉 매출을 올리는 데 집중한다. 그리고 이 목표를 위해 항상 새로운 영업의 기회, 즉 신규고객을 확보하는 데 혈안이 되어 있다. 영업실무자는 자신의 영업목표를 항상 신규고객을 통해서만 달성하려는 생각을 버려야 한다. 대부분 영업실무자의 매출구조를 보면 일정 부분은 신규고객이, 또 일정 부분은 기존고객이 차지한다.

그리고 신규고객의 확보에 들어가는 비용과 노력보다 기존고객을 통한 매출 유지 혹은 향상에 들어가는 비용과 노력이 훨씬 적다는 것도 조사결과에 나와 있다. 심지어는 그 비용이 6배(신규고객 확보비용이 기존고객의 추가 매출 확보비용보다 6배가 더 들어간다. - 마케팅 관점)의 차이가 난다고 한다. 영업에서도 유사할 것이다.

그럼에도 많은 영업조직과 영업실무자는 기존고객의 관리에 소홀하다. 특히 B2C영업실무자들은 기존의 개인고객을 어떻게 관리하는가가 자신의 영업매출 증가에 매우 큰 영향을 미친다는 것을 알아야한다. 따라서 이번 제2장에서는 고객관리를 하는 가치와 실패, 그리고 원칙과 고객관리의 방법에 대해서 알아보도록 한다. 여기서 말하는 고객은 기존고객을 의미한다.

1) 고객은 누구인가?

기존고객은 어떤 고객인가? 기존고객은 아직까지 우리보다 더 나은 대안을 찾지 못한 고객이다. 이 말은 고객은 언제든지 더 나은 대안을 발견하면 다른 브랜드로 전환하거나 이탈할 수 있다는 말이다. 더 나은 대안의 기준은 상품과 서비스의 품질일 수도 있고, 저렴한 가격일 수도 있으며, 다른 영업실무자의 역량일 수도 있다. 기존고객이 영업실무자에게 주는 이익은 다음과 같다.

(1) 고객은 매출과 이익의 원천이다.
(2) 영업실무자의 활동 원천이다.
(3) 고객은 영업실무자의 제안에 대해 최고의 가치를 부여해준다. 그래서 고객은 영업실무자의 가치를 강화시켜 준다.
(4) 고객은 가만히 두면 다른 경쟁사로 떠난다.
(5) 경쟁사는 끊임없이 영업실무자의 기존고객을 유혹한다. 따라서 영업실무자는 고객을 잘 관리해야 한다.
(6) 영업실무자의 고객관리 능력은 영업실무자의 인간적인 매력과

비즈니스능력을 종합적으로 요구한다.

(7) 고객의 구매유형과 구매빈도, 이익 공헌도 등을 파악하는 것은 고객관리의 핵심이다.

(8) 영업실무자의 고객관리수준은 고객의 NPS수준을 결정한다.

(9) 고객의 요구내용과 행동은 서로 다르다. 이 때문에 영업실무자의 고객관리 내용은 고객에 따라, 고객의 수준에 따라 차별화가 필요하다.

2) 고객관리의 가치

영업실무자가 고객관리를 통해 얻을 수 있는 이익으로는 추가적인 매출(확대, 교차, 상승판매, 추천, 입소문 등)의 기회확보이다. 그리고 다음의 필요성에 의해서도 영업실무자는 고객관리에 소홀해서는 안된다. 효과적인 고객관리가 제공하는 가치는 아래와 같다.

(1) 지속적인 거래 유지 및 추가 거래

(2) 경쟁사의 공격에서 고객 보호

(3) 자신과 자사의 경쟁우위 확보

(4) 우수고객 유지 또는 이탈고객 방지

(5) 고객 평생가치(LTV)의 극대화

(6) 고객의 지갑 점유율 강화

(7) 고객 지향의 비즈니스 관계 강화로 이윤 창출

(8) 고객의 선택 다양화와 개인화로 충성도 강화

(9) 추천을 통한 영업 성과달성의 기회제공 등이 있다. 따라서 영업

실무자는 기존고객 관리에 한 치의 소홀함이 있어서는 안 된다.

2. 고객관리의 실패원인

한 조사에 의한 결과를 보면 고객이 기존 거래처 혹은 영업실무자를 떠나는 이유는 일반적으로 생각하는 것과 다르다. 이러한 이유 중 영업실무자의 능력과 노력으로 해결할 수 없는 것은 생각보다 적다. 즉, 영업실무자의 지속적인 관심과 효과적이고 효율적인 노력으로 고객이 자신과 자사를 떠나지 않게 할 수 있는 것들이 더 많다는 것이다. 조사 결과는 다음과 같다.

1) 고객 감소의 일반적 원인

  (1) 사망: 1%

  (2) 이사: 3%

  (3) 단골 조직, 매장 혹은 영업실무자가 없는 경우: 4%

  (4) 주위의 권유: 5%

  (5) 가격: 9%

  (6) 만성적 불평고객: 10%

  (7) 고객에 대한 무관심: 68%

위의 조사 결과에서 보듯이 사망과 이사의 경우를 제외하고는 모두 영업조직과 영업실무자의 고객관리 노력으로 해결할 수 있는 원인이다. 가장 큰 원인은 고객에 대한 무관심이다. 고객과의 진정한 관계구축은 거래 후에 가능하다. 영업활동을 하는 과정에서의 관계구축은 거래를 위한 준비과정일 뿐이다. 그런데 일반적인 영업실무자들은 고객과의 거래가 성사된 후 고객과의 관계를 소홀하게 취급한다. 고객은 판매를 위해서만 접촉을 해오는 영업실무자를 기대하는 것이 아니라, 거래 후 지속적인 가치를 제대로 누리도록 지속적인 지원과 도움을 주는 영업실무자이다.

이 결과를 보면 고객을 떠나보낸 조직과 영업실무자는 반성의 여지가 많을 것이다. 그리고 잘 나가는 조직과 영업실무자는 이러한 실수를 하지 않는다는 것을 알아야 한다.

2) 고객이 떠나는 이유들

B2C영업의 고객은 대부분은 개인 소비자들이다. 개인은 감성과 이성을 모두 갖고 있다. 고객은 자신의 감성을 채워 주는 조직 혹은 영업실무자와 거래를 원한다. 고객의 이성은 감성 다음으로 작용한다. 따라서 영업실무자 혹은 조직, 매장의 판매사원이 보여 주는 행동과 태도, 메시지 하나하나가 모두 고객의 감성에 영향을 준다는 것을 알아야 한다.

다음의 원인들은 주로 매장영업을 하는 조직과 영업실무자에게서 일어나는 것들이다. 고객이 어렵게 매장을 찾아왔는데 작은 부주의와 실수로 고객이 빈손으로 매장을 떠나가게 하는 이유가 된다. 서비스 업종에서도 자주 일어나는 일들이다.

(1) 목각인형형

고객이 문을 열고 들어와도 인사도 없고 미소는 애초에 포기했다. 고개를 돌려 시선을 마주치지도 않는다. 표정은 어둡고 시큰둥하다. 잘 몰라서 뭐 좀 물어보거나 하면 힘없는 목소리로 대답한다. 누가 이 매장에서, 그리고 이 판매사원과 거래할 것인가?

(2) 내가 우선형

고객이 무엇을 물어보든 두리번거리든 말든 자기 할 일과 할 말만 한다. 고객은 안 보이는 건지 못 보는 건지 핸드폰으로 끊임없이 통화하면서 깔깔댄다. 고객과 눈이 마주쳐도 고개를 돌려 통화만 한다.

(3) 융통성 전무형

고객이 무엇이라고 요구하면 그것에 대해 "규정에 없어요" 말이 막히면 "규정 한 번 확인해 보죠"라고 회피한다. 고객이 항변하면 "그건 고객님 생각이고, 그렇게 하면 위에서 싫어하고 혼나요. 제가 혼나면 책임지실래요"라며 융통성과 창의성이라고는 눈을 씻고 찾아봐도 보이지 않는다.

(4) 나 몰라라 하는 유형

불만이나 궁금한 것이 있어 찾아온 고객은 문제 해결을 바라며 조바심을 내며 기다리는데 막상 담당 직원은 뭐가 어떻게 된 건지, 얼마나 기다려야 하는지 전혀 말이 없다. 답답해서 물어보면 그냥 "조금만 기다리세요"라고만 한다. 게다가 고객의 일은 방치되어 있고 개인적인 용무에 바쁘다.

(5) 앵무새형

고객과 마주치고 대화를 할 때는 반갑게 인사를 하지만 정작 업무에 대해서는 아무것도 모르거나 권한이 없는 영업실무자 혹은 판매사원. 자신이 준비한 멘트(좋은 제품이다, 잘 어울린다 등)만 연속으로 날리면서 고객의 말과 관심에 대해서는 귀조차 기울이지 않는다.

(6) 내가 왕이다형

문제 제기를 하거나 상담 좀 하려면 건방진 태도로 아래위로 훑어보며 귀찮다는 듯 단답식으로만 답하고 고객이 알아서 하라는 태도로 상담에 임하는 유형으로 자신을 괴롭히지 말아 달라는 메시지를 고객에게 날린다.

(7) 교통신호 무시형

무엇인가를 요청하면 "그것은 안 됩니다, 원칙에 어긋납니다" 하면서 빨간 신호등을 켠다. 그러고는 자신이 준비한 영업·판매 멘트만 고객에게 날린다. 고객의 요구에 대해서는 회사 서비스 부서에서 알아보라고 하면서 판매만 하려고 한다. 심지어 고객이 자신의 니즈를 이야기해도 들은 척 만 척하면서 상품 자랑에만 열을 올린다.

(8) 테크닉 구사형

임기응변으로 고객의 마음을 사로잡고 흔들어서 판매만 하려 한다. 나중에 발생할 문제는 회사가 알아서 할 것이고 회사의 책임이라는 생각으로 무모한 약속을 하는 영업실무자이다. 나중에 문제가 발생하여 해결을 요청하면 그때는 몰랐다 하면서 책임을 회피한다.

(9) 잘난 체하는 형

고객은 잘 모른다. 고객의 말을 무시해도 좋다. 영업실무자는 그러한 고객을 가르쳐서 깨우쳐 주어야 한다. 고객의 전문성을 무시하거나 때로는 고객의 의견에 반론을 제기하면서 자신의 지식을 뽐낸다. 상담하는 중간 중간에 고객의 잘못이나 고객이 모르는 것을 지적하면서 자신의 지식을 자랑한다. 고객이 질문하면 "그것도 모르는가?" 하는 의아한 표정으로 쳐다본다.

(10) 초보라서형

늘 고객이 물어보는 내용과 업무에도 그때마다 대답하지 못하고 "나중에 알아보고 알려 주겠다. 신입이고 초보라서 이해해 달라" 등의 말을 한다. 매장에서는 고객의 요청 혹은 질문에 말문이 막혀서 주위의 도움을 청하려 허둥대거나 고객을 기다리게 한다. 그리고 업무 처리는 실수투성이이어서 늘 고객이 불안하다.

(11) 돌아오지 않는 메아리

고객이 전화를 걸어 무엇인가를 요청하거나 설명을 요구한다. 알았다고 하면서 답이 없다. 고객이 메모를 남겨도 담당 영업실무자는 답이 없다. 갑갑해 전화를 걸면 담당자는 금시초문이라고 한다. 그러면서 다시 이야기 해달라고 한다.

(12) 천덕꾸러기가 되는 고객전화

고객의 전화가 담당자를 찾아 이리저리 연결된다. 고객은 연결될 때마다 같은 말(담당자가 없다, 자신의 소관이 아니다, 다른 부서로 연결해 주겠다 등)을 되풀이해서 듣는다. 마침내 담당자와 연결되려는 데 통화 중이란다. 연결된 담당자는 자신의 권한을 벗어난 업무라면서 전화를 끊으려 한다. 책임자와 통화하겠다고 하니 "그러면 자기가 곤란해진다"라고 하면서 책임자를 연결시켜 주지 않는다.

(13) 지켜지지 않는 약속

영업실무자의 약속이 공수표가 된다. 직접 만나 약속 이행을 요구해도 상황이 바뀌어서 이행이 어렵다고 한다. 그럼 거래할 때 왜 약속을 했냐고 하면 그때는 이럴 줄 몰랐다고 한다. 회사의 방침이 바뀌었다고 한다. 그러면서 고객에게 웬만하면 참으라고 한다. 그러면서 다른 상품을 추가로 팔려고만 한다.

(14) 사라지는 주문서

전화든 인터넷이든 고객의 주문이 사라졌다. 아무도 이 사실을 모른다. 상품을 기다리던 고객은 애가 탄다. 전화를 걸어 확인해 보니 그런 주문이 없었다고 하면서 지금 다시 주문하라고 한다.

이러한 일들이 발생해서는 어떤 조직이든, 어떤 영업실무자든 자신의 영업성과를 올리기 어려울 것이다. 고객은 이러한 조직 혹은 영업실무자와 다시는 거래를 하지 않을 것이다. 성격이 착한 고객은 조용히 떠난다. 그래서 무엇이 문제인지를 알지 못하고, 반복된 실수를 거듭하게 된다. 개성이 강하고 자기주장을 하며 정체성이 강한 고객은 어떤 식으로든 자신의 불편과 불만을 표현할 수도 있다. 하지만 이런 고객은 많지 않다. 영업조직과 영업실무자는 늘 자신의 영업방식과 스타일을 점검해 이러한 실수 혹은 갈등이 발생하게 내버려 둬서는 안 된다.

3. 고객관리를 위한 원칙

영업실무자가 고객을 관리할 때는 모든 고객을 공평하게 관리할 수는 없다. 제1장에서도 강조하였듯이 영업실무자에게 있어 고객은 새로운 영업의 기회를 확보하게 해주는 매우 중요한 역할을 한다. 고객의 수준은 Life Time Value, 고객의 지갑 점유율 수준, 고객의 구매빈도와 구매량, 거래기간 등에 따라 다르다. 그리고 고객의 수준 또한 시간이 지남에 따라 변화한다. 아래 그림에 잘 나타나 있다.

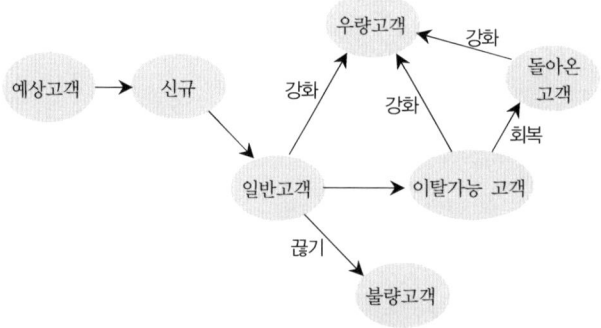

[그림 1-2] 고객의 발전단계

예상고객은 영업실무자와 아직 거래를 하지 않은 고객을 말한다. 영업실무자의 영업활동이든 고객의 구매행동이든 그 활동을 통해 거래가 일어나면 그 고객은 신규고객이 된다. 이 신규고객은 거래의 빈도, 거래량이 자주 일어나면 일반고객이 된다. 이 단계에서 영업실무자는 고객관리를 위한 고객의 성향과 가치를 분석해야 한다. 일반고객은 영업실무자 혹은 조직에 많은 비용을 초래하는 불량고객이 되기도 하고 다른 경쟁사로 옮겨 가려 하는 이탈 가능성이 있는 고객으로 바뀌거나 우량고객으로 된다. 불량고객은 과감히 관계를 끊는 것이 영업조직에게나 영업실무자에게 도움이 될 것이다. 이탈 가능성이 있거나 한두 번 이탈한 고객은 적극적인 고객관리 활동으로 우량고객으로 만들어야 한다. 처음부터 우량고객(고객 스스로 브랜드 충성도가 높은 등의 이유로)인 경우에는 더욱 적극적으로 관계를 강화해 경쟁사로의 이탈을 막아야 한다.

고객의 거래빈도와 거래량 그리고 최근구매 등의 정보를 활용해 고객을 분류해 관리방향을 정하기도 한다. 이 방법을 RFM분석이라고 한다.

고객의 수준을 고객의 수익률과 관계지속성을 중심으로 고객의 수준을 파악해 고객관리의 차별성을 강화할 필요가 있다.

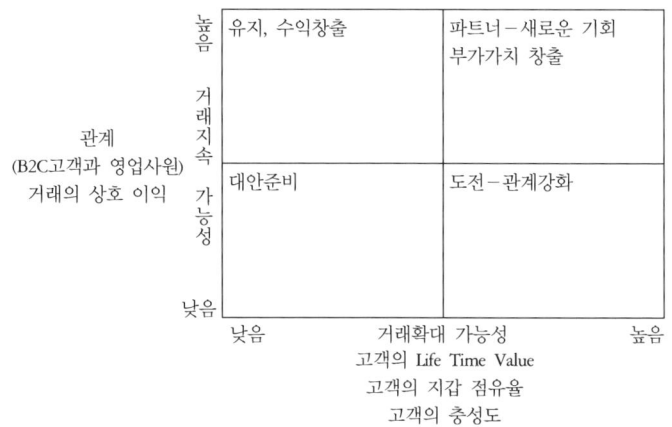

[그림 1-3] 고객수준 파악

위의 두 가지 방법으로 고객관리의 중요 대상을 선정하는 것이 필요하다. 이렇게 구분된 고객을 대상으로 고객관리를 위한 구체적인 방법에 대해 알아보도록 한다.

1) 단골고객 만들기

    영업실무자에게 단골고객이 있다는 것은 엄청난 행운이다. 이 단골고객은 고객 스스로 특정 상품 혹은 브랜드에 충성도를 보여 주기도 하지만, 높은 NPS를 유지시켜 준다. 영업실무자와 조직의 지속적인 노력으로 일반고객을 단골고객으로 만들 수도 있다.

    특히 조직 혹은 영업실무자와 학습관계(고객이 성장하는, 상품의 가치를 통해 고객의 정체감이 향상되는 등)가 구축된 고객은 쉽게 이탈하지 못한다. 고객의 브랜드 전환비용이 부담되기 때문이다. 조직과 영업실무자 또한 고객과의 관계에서 학습(새로운 제품 개발, 새로운 용도 개발, 추천 등)관계를 구축할 필요가 있다. 고객은 자신이 원하는 제품이 사용될 시간과 장소 그리고 사용법 등을 정확하게 알기를 원한다. 이렇게 보면 고객과의 관계를 구축할 수 있는 기회는 많다.

    따라서 영업조직과 영업실무자는 고객과의 관계를 성숙시키는 노력이 필요하다. 조직이 고객과 학습관계를 통해서 얻을 수 있는 이점으로는 상품과 서비스에 대한 고객의 선호도와 요구를 알 수 있고 이를 통해 경쟁적 이점을 확보할 수 있고, 고객의 요구를 정확하게 채워줘 고객의 전환비용을 강화할 수 있다. 영업실무자는 개별고객과 일정한 고객군의 요구와 선호도를 파악해 더 많은 영업의 기회를 확보하고 또 고객들이 원하는 서비스를 제공해 줌으로써 차별화된 고객과의 거래특유자산을 구축할 수 있다. 이러한 관계는 고객 스스로 영업실무자의 매출을 도와주기도 한다.

    고객과 학습관계(고객으로부터 배워라)를 구축하기 위해서는 다음과 같이 하라.

(1) 학습관계 구축의 출발: 대화를 하라. 대화를 통해 고객이 요구하는 모든 정보를 수집할 수 있다.

① 정보전략: 고객의 선호, 요구 등 모든 정보를 파악하라.

    가. 선물, 서비스 등을 통해 정보를 교환하고 가능하면 영업실무자의 관리 풀(우수고객 리스트)에 고객을 추가하라. 이를 위해 정보통신과 SNS기기들을 적극적으로 활용하면 좋다.

    나. 정보내용은 과거 경험(사용소감, 제안, 불만 등)과 미래계획(라이프스타일의 변화와 구매와 사용, 요구하는 것 등)까지 수집하라.

    다. 조직의 시스템 내 공유를 통해 고객에 대한 정보의 수준을 향상하라.

② 새롭고 창의적인 제안 및 배달전략으로 차별화된 제품과 사용의 기회를 제공하라. 고객이 상품과 서비스 구매를 보다 쉽게, 신뢰감을 갖고 가능하도록 하라.

    가. 고충처리를 위해 개별고객의 요구를 정확히 파악한 후 그 충족방법을 개발하고 전달하는 데 영업실무자의 능력을 최대한 활용하라. 고객이 상품과 서비스를 구매한 후 사용하는 데까지의 불편함을 제거하라.

③ 조직전략으로 영업실무자는 회사의 능력과 역량을 최대한 활용하여 고객의 요구와 니즈를 충족시켜 줄 수 있어야 한다. 고객에 대한 정보를 바탕으로 경쟁력 있고 가치 있는 서비스, 판매방식, 영업활동 방법을 창조하도록 하라. 고객의 니즈와 능력을 파악해 고객에게 맞는 상품과 서비스에 조직이 민감하게 대응할 수 있는 기회를 조직에 제공해 주도록 하라.

④ 평가를 통해 영업의 성과를 점검한다.

　가. 고객 생애가치를 올바르게 파악하였는지와 그 생애가치에 맞는 제안과 영업활동을 하고 있는지를 점검하라.

　나. 고객의 지갑 점유율 수준을 파악해 고객의 가치를 판단하고 고객의 지갑점유율을 올릴 수 있는 영업방법을 개발하라.

　다. 고객 희생(고객 기대와 제공 가치의 차이)을 파악해 고객 희생을 최소화하는 데 영업활동, 상담, 서비스를 집중하라. 이는 고객 만족의 수준과 연결된다.

(2) 단골고객 파악 지침

영업실무자가 단골고객을 많이 확보함으로써 얻는 이점은 기대 이상이다. 어느 고객이 단골고객이 될 가능성이 큰지, 현재 관리하는 고객 중 이미 단골고객이거나 단골고객이 될 가능성이 높은 고객은 누구인지를 판단해 고객관리에 활용할 수 있어야 한다. 다음의 지침을 통해 단골고객을 파악하라.

① 재구매 의향

② 직전 구매량

③ 구매빈도

④ 구매량

⑤ 고객유지도

⑥ 유지기간

⑦ 추천

⑧ 입소문 수준 등을 통해 개별고객의 단골고객 수준을 파악하여

영업활동에 적극적으로 활동하도록 하라.

(3) 불량고객을 거절하라. 영업조직과 영업실무자에게 모든 고객이 이익을 남기는 그리고 영업활동의 성과를 보장해 주지 않는다. 때로는 과도한 비용을 부담시키는 고객도 있다. 따라서 영업실무자는 이러한 불량고객과의 관계를 정리하거나 재정립하는 것이 필요하다. 고객 중 다음과 같은 특성이 있으면 불량고객이다.

① 상습적인 고객 불평으로 무임승차(서비스만 받아 가는)를 하는 사람

② 불량고객의 비용은 다음과 같다. 이 비용 때문에 영업실무자는 고객의 수준을 분석해 차별된 관리를 해야 한다.

　가. 심리적 비용–불량고객과 일을 하는 직원의 유해하고 불쾌한 경험 → 물리적/심리적/감정적으로 소모적이다.

　나. 직원들이 산만하고 비생산적이며 불행하게 된다.

　다. 아래 직원/현장 직원에게 책임을 지게 한다 → 사기 저하, 일의 가치 저하, 불량고객의 양산 등

③ 불량고객의 악순환

　불량고객 → 직원비용 → 사기 저하 → 불성실한 대응 → 고객 불평 강화 → 비용 추가 지불 → 불량고객 → ……

④ 돈으로 계산되지 않은 비용

　가. 시간(기회)비용이 발생한다. 불량고객을 대하느라 우수고객이 소홀함을 당하거나 또는 희생이 따른다.

　나. 충실하고 가치 있는 고객에 대한 관심이 소홀해져 고객이 이탈할 가능성이 발생한다. 따라서 더 많은 고객 창출과 새

로운 영업의 기회를 상실한다.

⑤ 불량고객의 전파(입소문)로 다른 우수고객이 부정적인 영향을 받을 우려가 있고 새로운 고객의 접근이 방해를 받는다.

4. 고객관리 황금률

영업실무자는 성공적인 고객관리를 위해 고객과의 관계 형성이 중요하다. 모든 비즈니스의 근간은 사람이다. 다음의 방법을 통해 고객관리를 시작하라.

1) 고객과 관계 맺기

우호성과 신뢰를 바탕으로 고객과의 관계를 맺으라. 앞에서도 강조했듯이 고객과의 진정한 관계구축은 거래 후에 발생한다. 고객이 오래 머물고, 더 많은 구매를 하며, 입소문으로 내주고, 대리 영업을 원한다면 다음의 방법들을 활용하도록 하라.

(1) 인간적인 유대감, 신뢰, 뚜렷한 전문성, 고객을 돕고자 하는 열정 등을 보여 주라. 고객이 먼저 다가올 것이다.

(2) 비즈니스는 사람에 기반을 둔 것이다.
① 직감으로 고객의 희망, 욕구 등을 파악하고, 이를 채워주기 위해 확률게임, 포트폴리오 다양화 노력을 하라.

② 서비스가 성공하려면 상당수의 사람이 그 서비스를 받기 시작하면서 자신들의 삶이 이전보다 향상되었다는 느낌을 받아야 한다.
가. 기분을 파악하라.
나. 원하는 것을 파악하라.

(3) 고객과 연결고리를 만들어라.
① 일과 관계된 것이든, 개인적인 것이든 연결고리를 만들어라. 블로그, 카페, 인스타그램, 페이스북 등을 이용하라.

(4) 고객이 중요하다고 느끼도록 하라. 언제 어떤 상황에서 영업실무자를 만나든 고객은 자신이 존중받고 중요한 사람임을 확인받고 싶어 한다.
① 고객의 욕구충족 ⇒ 중요감 강화
② 기본욕구 충족 ⇒ 개인적 욕구+감정적 욕구

(5) 오아시스 전략
① 고객들의 도피처가 되도록 하라. 고객이 구매한 자사의 상품과 서비스 등에 대해 곤란하고 어려운 상황에 처했을 때 언제나 고객의 안식처가 되어야 한다.
② 고객을 기억하고 고객의 욕구를 기억해 충족시켜 주어라.

2) 고객과의 관계지속 방법

(1) 자연스러운 친화력
① 당신 자신을 고객이 알도록하라.

가. 레인 메이커가 되라: 사교적이며 활동적인 사람이 되라. 영업 실무자는 우울해서는 안 된다. 당신의 친화력은 고객이 다른 사람들에게 당신을 소개하는데 부담을 줄여 준다.

② 개인의 성격이나 성향의 차이를 인정하고 수용하라. - 고객은 당신과 다르다.

③ 블라인드 데이트를 피하라. - 전화번호부 고객에게 무턱대고 전화를 해 판매하려 하지 마라. 아무 때나 고객을 방문해 고객의 시간을 빼앗지 마라.

(2) 변덕쟁이를 피하라

① 충실한 고객을 얻기 위해서는 충실한 사람을 찾아라.

② 고객 선정의 중요성을 알고 제대로 선정하라.

(3) 커뮤니케이션을 위한 커뮤니케이션을 하지 마라

① 관심사에 대해 말하라. 이해하고 공감대 형성에 노력하라.

② 늘 경청하라.

③ 때로는 나에 대해 말하라. 내가 마음을 여는 만큼 고객도 나에게 마음을 연다.

(4) 신뢰를 구축하라

① 예상 가능성: 고객이 당신의 행동과 비즈니스 프로세스를 예측할 수 있도록 하라. -거래의 모든 프로세스를 알려 주어 구매과정에 대한 고객의 불안감을 해소시켜주어야 한다.

가. 일관성을 쌓아라.

나. 예상 가능한 영업활동을 전개하라.

다. 전문가로서 배울 수 있다는 기대감을 주라.

(5) 성실성을 인정받아라

① 약속을 이행하라.

② 늘 고객과 접촉하라.

(6) 보호성: 경쟁사로부터, 다른 제품으로부터 기타 고객을 위협하는 요소(사용 어려움 등)로부터 고객을 보호하라

① 고객관계는 당신이 예측 가능하게 행동하고 성실하며 자신을 해칠 것은 아무것도 하지 않으리라는 것을 고객이 알아주는 것에서 시작된다.

(7) 속도감을 보여주라

① 고객은 빠른 대응을 요구한다. 고객의 요구에 신속한 대응조치를 강구하라. 이를 위해 다음의 내용을 알려라.

　　가. 이것을 완수하는 데 얼마나 시간이 걸릴까?

　　나. 고객이 얼마나 기다려야 하는가?

　　다. 어떻게 다시 그 시간을 절반으로 줄일 수 있을까?

② 잠재고객의 요구에 빨리 대응하라. 잠재고객은 아직 거래를 시작하지 않았고, 자사와 영업실무자의 가치를 잘 모른다. 이들은 쉽게 이동한다. 이들의 요구에 신속하게 대응함으로써 빨리 자사의 고객으로 확보하는 것이 중요하다.

③ 사람들은 바쁘다. 그들은 참여하고 즐기고 싶어 한다. 하지만 빨

리하고 싶다. 고객을 너무 오래 기다리게 하지 마라.

④ 단 한 번에 하라. 고객의 요구를 들어주고 제안할 때는 정확성을 추구하고 실수를 하지 마라.

⑤ 고객의 눈을 사로잡고, 고객의 주의를 사로잡고, 그러고 나서 고객이 알 필요가 있는 것만 재빨리 말하라. 고객에게 빠르고 정확하게 말하라.

(8) 명백한 전문성을 보이라

① 가운을 입은 의사가 더 전문가로 평가받고, 효과도 더 인정을 받는다. 영업실무자로서의 외모를 갖춰라.

② 명확성의 힘 – 고객이 이해하고 알아듣게 이야기하라.

③ 고객이 이해할 수 있는 메시지만 전달하라. – 고객을 혼란스럽게 만들지 마라.

④ 글을 쓰고 말하는 것은 자신이 이해받기 위해서뿐만 아니라 오해받지 않기 위해서도 필요하다. 항상 메모하라.

⑤ 자신의 전문성을 나타내는 커뮤니케이션을 하라. 때로는 전문적인 용어를 사용하라. 기술적인 능력을 보여 주라.

⑥ 자신의 전문지식을 개발하라. 공부하고 학습하는 것이 중요하다.

　가. 전문지식과 부가지식으로 부가가치를 개발하라.

　나. 고객을 위해 당신이 지식이 무엇을 할 수 있는지를 알려라. 지식을 모두 밝혀라. 그리고 그것을 고객이 기꺼이 원하도록 하라.

⑦ 당신에게 일을 맡겨야 하는 타당한 이유와 원하는 것을 얻을 수 있다는 증거를 보여 주라.

(9) 때로는 희생을 하라

① 서비스는 고객이 서비스를 기대해도 좋다는 약속을 받은 그 시점에 하라. 고객이 원하는 서비스를 고객이 원하는 시점에 제공하라.

② 상호 호혜주의로 때로는 고객에게 먼저 베풀어 주라.

③ 고객을 당신에게 결합시키기 위해 얼마만큼 희생해야 하는가를 파악해 고객이 그 가치를 인정하는 희생을 하라.

④ 고객은 가치에 대한 통제력을 당신에게 양보하는 것이다. 고객의 희생을 최소화하라.

⑤ 고객은 형편없는 결과를 무릅쓰고 일을 맡기는 경우가 있다. 이러한 고객의 기대를 뛰어넘는 성과를 보여 주라. 그리고 당신의 희생을 알려라.

(10) 완벽함을 추구하라

① 뛰어난 서비스는 단지 서비스로만 작용하지 않는다. 가치 있는 그래서 고객이 그 가치를 구매하도록 하는 자산·자원으로 작용한다.

② 완벽함을 추구하고 고객이 그 가치를 알고 자랑하게 하라.

③ 마법의 말, 메시지를 던져라.

고객에게 늘 감사하고 고마워하라. "어떻습니까? 반갑습니다!", "무엇을 도와드릴까요?" 늘 환영하고 환영 인사를 하라. 사람을 늘 환영하라. 반갑게 맞이하라.

④ 열정을 보여 주고 열정적으로 행동하라.

가. 게임으로 끌어들이는 것인 지식이다. 그러나 게임에서 승리하게 해 주는 것은 열정이다. 열정은 보이지 않는 성공의 열쇠이다.

나. 고객을 돕는 데 최선을 다하는 모습을 보여 줘라.

5. 고객관리 실행

고객의 수익성을 분석하라. 이 수익성에 대해서는 앞에서 강조하였다. 영업실무자로서 고객에 대한 지식을 풍부하게 갖고 있어야 한다.

다음의 질문을 통해 영업실무자 스스로 고객에 대한 지식을 점검해 보도록 하라.

(1) 당신에게 최고의 고객군은 누구인가?
① 최고의 기준은 무엇인가?
② 최고 고객의 이익률은 어느 정도인가?
③ 각 고객군에 대해 이익률 목표는 어떻게 설정하는가?
④ 최악의 고객은 누구이며 그들의 이익률은?
⑤ 각 고객군에 요구하는 최소한의 이익은 어느 정도인가?

(2) 고객의 구매 행동에 대해 얼마나 정확히 알고 있는가?
① 고객들은 당신을 자주 찾거나 방문하는가?
② 고객들의 전환율은?
③ 거래 한 건당 고객들의 평균 구매 금액은 얼마인가?
④ 지난 3년간 고객들의 총 거래 금액은 얼마인가?
⑤ 고객의 소비수준은 어느 정도이며 당신이 차지하는 비중은?
⑥ 고객이 경쟁사 대신에 당신과 거래하는 이유는?
⑦ 만일 가격을 10% 올린다면 얼마나 많은 고객이 이탈할 것으로 예상하는가?

(3) 당신의 고객 분류 방법은?

① 당신은 고객을 분류해서 관리하는가?

② 고객 분류 기준은 무엇인가?

③ 각 고객군에 대해 어떻게 차별화를 하는가?

④ 차별화를 통해 얻는 이점은 무엇인가?

(4) 당신은 어떤 고객군을 목표로 삼는가?

① 해당 고객군을 목표로 선택한 이유?

② 어떻게 차별화된 영업활동을 할 것인가?

③ 기대하는 결과는?

④ 각 고객군 공략을 위해 요구되는 자원은?

(5) 각 고객 및 고객군의 이익수준은?

① 각 고객, 고객군의 거래빈도, 거래규모, 거래기간, 추가구매, 거래유형은?

② 고객의 구매행동 변화요인은? 어떻게 대응하는가?

(6) 이탈고객은?

① 이탈한 고객은 있는가?

② 그들이 당신의 매출과 이익에 차지하는 비중은?

③ 그들이 이탈한 이유는?

④ 다시 회복하기 위해 필요한 노력과 자원은?

수집한 정보를 바탕으로 고객관리를 위한 전략을 수립하라. 영업실무자가 활용할 수 있는 고객관리 방법(전략)은 다음과 같다. 아래의 것 중에서 자신의 역량을 활용해 고객의 수준, 요구 등에 맞춰 적절하게 활용하라.

1) 고객관리 방법

(1) 사전 예방 시스템을 구축하라

자사 상품 사용고객을 대상으로 고장 등을 사전에 파악할 수 있는 시스템을 구축하라.

➡ 정기 방문, 전문가 핫라인 등을 활용해 미리 고객의 불편함을 파악하고 해결해 주라.

➡ 정보통신 기술과 SNS도구들을 활용하라.

(2) 상품의 Life Time/Running Time을 관리하라

① Hot line을 구축하라.

② 영업실무자, 자사 내 전문가와 언제든 연락이 가능하도록 하라.

③ 사용법을 충분히 습득하도록 지원하라. 매뉴얼 제공에 멈추지 마라.

④ 홈페이지 내 Hot line을 만들어라.

(3) 고객의 구매 성향(구매빈도, 구매량, 라이프스타일 등)을 파악하라

① 개별관리를 하라.

② 고객의 구매시점을 미리 알려주거나, 필요하기 전에 미리 구매를 제안한다.

(4) 고객 설문지, 인터뷰의 기회를 만들어라

① 사용 후기, 사용의 이익을 파악하라.

② 직접 만나서 혹은 이메일, 홈페이지를 통해 진행하라.

③ 스토리텔링의 훌륭한 자료가 된다.

④ 페이스북 등 SNS를 활용하라.

(5) 고객을 참여시켜라

① 제품 개발, 서비스 방법, 유통 등에 기존고객의 사용자 등을 참여하게 하라.

② 체험·경험의 기회를 제공하라.

③ 사용 후기 등을 공유하도록 하라. - 블로그, 페이스북 등을 통해서

(6) 보상하라

① 추천에 대해, 입소문에 대해 그 성과를 알리고, 적절한 보상을 하라.

(7) 축하하라

① 핵심 고객군을 대상으로 하라.

② 고객이 구매의 이익을 누리는 시점을 파악해 축하해 주어라.

③ 구매에 대한 축하행사, 이벤트를 하라.

④ 사용 후기 콘테스트를 하라.

(8) 서비스 통한 고객관리

① 개별 서비스를 제공하라.

② 고객들이 요구하는 이상을 제공하라.

　가. 고객의 요구에 대응하는 서비스를 개발하라.

　나. 고객이 요구하기 전에 제공할 수 있는 서비스를 개발하고 제안하라.

③ 고객들이 느끼는 사용상의 불편함을 제거하라. 사용법을 모두 알려주고 고객이 기대하지 않는 편리함을 누릴 수 있는 사용법을 알려주라.

(9) 영업실무자의 개인 능력을 활용하라

① 오아시스 되기 – 상품, 서비스 외의 개인적인 지원을 하라.

② 영업실무자 개인의 장점을 서비스로 승화하라.

③ 다양한 사회 네트워크를 활용해 고객을 도와 주어라.

(10) AS 직원의 업무 시스템 혁신과 영업 실무자

① AS 시스템 ➜ 고객 감동을 도출하라.

② 고객이 AS(방문)를 받으면서 경험하는 불쾌감(더러운 신발, 수리 후 남은 쓰레기 등)을 제거하라.

③ B2C영업실무자가 직접 AS를 실행하라.

(11) 고객 불평을 신속히 처리하라

① 처리 시스템을 구축하라.

② 처리 과정 알려 주라.

③ 고객이 해야 하는 행동을 알려 주라.

④ 대고객 커뮤니케이션을 충분히 하라.

(12) 구매를 쉽게 하도록 하라

① 찾아가는 제안, 활동을 하라.

② 사전주문제를 시행하라.

③ 우선권을 주라.

④ IT기술을 활용하라.

⑤ 구매의 불안감 제거하고 사용법 등을 제공하라.

(13) 주문처리를 알려 주라

① 업무 진행사항을 알려 주라.

② 모든 고객의 요구사항의 처리 과정을 정기적으로 알려 주라.

③ 고객이 언제 가치를 누릴 수 있는지를 알려 주어라.

(14) 기술적 지원을 하라

① 제품의 기능을 정기적으로 업그레이드 해주면서 모든 기능의 사용법을 알려주라.

② 기존 제품, 장비를 처분할 때 중고가격을 높게 받는 방법 지원 혹은 대행 처리하라.

(15) 정보기술을 활용하라

① 개인 블로그, 카페를 운영하라.

② 유용한 지식과 정보를 제공하라.

③ 고객 참여를 유도하라.

④ 고객 간 네트워크를 형성하는 기회를 제공하라.

영업실무자에게 기존고객은 영업의 새로운 기회를 싹 틔울 수 있는 기름진 땅이다. 이 때문에 고객관리에 소홀해서는 안 된다. 그리고 인간적인 관계 구축만으로도 한계가 있다. 인간적인 관계에 더해서 고객의 구매목적이 기대 이상으로 달성되도록 필요한 지원을 해야 하고, 이를 위해 다양한 도구들을 활용해 고객관리를 하도록 하라.

　최근의 SNS 기술은 유용한 고객관리의 도구가 될 수 있다. 영업실무자 스스로 SNS를 활용하는 기술을 배워 자기만의 고객관리 방법을 확보하는 것도 좋을 것이다.

1. 고객관리는 영업실무자의 가장 중요한 사명 중 하나이다.

2. 모든 고객은 동등한 가치를 지니지 않는다.

3. 고객의 가치와 수준에 따라 차별적인 고객관리를 해야 한다.

4. 고객은 사소한 이유로 떠나지만 떠난 고객을 되돌아오게 하는 데는 큰 비용이 소요된다.

5. 이탈고객이 있다면 왜 이탈하였는지를 분석해 고객이 돌아오게 하거나, 이탈을 방지하라.

6. 고객과의 신뢰관계 구축을 통한 고객과의 관계를 성숙시켜라.

7. 불량고객을 파악하고 기회비용을 최소화하라.

8. 창의적이고 하이테크 기술을 바탕으로 체계적으로 고객관리를 하라.

9. 고객과 학습관계를 구축해 더 나은 고객관리를 하고 영업의 기회를 확보하라.

제3장
고객과 밀착을 통해
고객을 관리하라

▶ 사례

새로운 제품 구매를 선호하는 고객 A씨, 새로 나온 초경량 노트북(매킨토시 노트북-맥북에어)을 구매하였다. 제품의 성능에 대해서는 이미 충분히 알고 또 누리고 있다. 그런데 이 노트북은 윈도우를 함께 사용할 수가 없어 부트캠프라는 기능을 활용해 윈도우를 설치해야 한다. 인터넷의 카페에서 알게 된 방법으로 윈도우 설치작업을 하였지만 맥과 윈도우를 동시에 사용할 수가 없어 불편하였다(늘 다시 노트북을 재부팅해야 하는 번거로움).

그래서 페러럴즈라는 프로그램을 구매해 설치하였다. 이 방법은 부트캠프를 사용하는 또 다른 방법이었다. A씨는 페러럴즈 프로그램을 설치해 사용해 보았으나 기대보다 페러럴즈의 작동이 원활하지 않았다. 그래서 A씨는 몇 번을 시도하다 고객 A씨는 그 방법을 알려준 매장 직원에게 전화를 걸었다. 그리고 내일 잠깐 방문할 것이니 설치를 도와달라고 하였다.

그러자 그 직원은 "그럴 수 없다. 저는 AS요원이 아니다. 그리고 저는 방법만 알려 주었을 뿐이지 그 방법을 실행하는 것은 고객님의 책임이다. 제가 책임질 사안이 아니다"라고 하였다. 고객 A씨는 화가 났다. 매장 직원은 최소한 나보다는 전문가라고 생각해 그대로 따라 했는데…… 이렇게 책임을 회피하는 것에 당황하였다. 최고의 제품을 이렇게 불성실한 직원이 판매한다는 것에 화가 났다. 결국 고객 A씨는 다른 방법으로 문제를 해결하였지만 판매직원에 대한 신뢰가 떨어졌고 결국 추가제품에 대한 구매는 다른 매장에서 했다.

영업실무자 혹은 매장의 판매직원이 고객을 떠나가게 하거나 잃기는 매우 쉽다. 그 결과에 대해서는 추가적인 설명이 필요 없을 것이다. 고객관리의 가치와 중요성에 대해서는 제2장에서 알아보았고 제3장에서는 보다 끈끈한 신뢰관계 구축을 위한 방법에 대해 알아보도록 한다.

고객은 작은 무관심 혹은 배려의 부족, 불편함의 지속 등의 이유로 쉽게 거래처를 바꾼다. 특히 경쟁이 심하고 기술과 품질적인 측면에서 확실한 차별화가 어렵고, 다른 대안이 많은 B2C영업의 경우에는 고객의 이동은 매우 쉽게 일어난다. 그리고 B2C고객의 경우에는 B2B고객의 경우만큼 제품과 서비스에 대한 전문지식이 상대적으로 부족하다. 따라서 B2C고객들은 영업실무자 혹은 판매직원의 전문성에 의존해 의사결정을 하는 경우가 많다. 금융상품의 경우에도 그렇다. 보험도 마찬가지이고 자동차 또한 거의 영업실무자의 말과 추천, 제안을 그대로 믿는다. 그런데 그 영업실무자의 제안과 추천이 오히려 고객에게 불편을 더해 주고 고객이 원하는 가치를 제공해 주지 못한다면 이는 곧 고객의 불안으로 이어지고 결국은 고객이 떠난다.

떠나간 고객을 다시 되돌아오게 하기 위해서는 많은 비용과 시간이 소요된다. 영업실무자는 이러한 상황을 만들어서는 절대로 안 된다. 영업조직이든 영업실무자든 고객이 떠나지 않도록 하는 방법과 장치를 마련하여야 한다. 그 방법에 대해 알아보도록 한다.

1. 고객을 습관화하라

고객이 어떤 상품과 서비스에 습관화가 된다는 것은 고객이 그 상품과 서비스가 주는 이익과 편리함, 즉 가치에 길들여지는 것을 의미한다. 하나의 상품과 서비스에 길들여진 고객은 웬만해서는 다른 상품이나 서비스로 이동하지 못한다. 그래서 충성고객으로 남는다.

모든 기업은 이렇게 자신들이 개발한 상품과 서비스에 고객이 길들여지기를 바란다. 이것은 고객이 제품과 서비스에 습관화되는 것이다. 이 습관화를 위해 기업들은 다양한 방법으로 상품과 서비스의 가치를 알리고 고객이 더 많이, 그리고 더 자주 사용하도록 애쓴다. 특히 B2C제품을 생산하는 기업들의 노력은 가히 눈물겨울 정도이다.

영업실무자 입장에서도 자신의 고객들이 상품과 서비스에 길들여진다면 추가영업의 기회(재판매, 추가판매, 확대판매, 연결판매, 입소문, 추천 등)가 더 많아질 것이다. 이를 위해서 영업실무자들은 고객에게 상품과 서비스를 판매하는 순간까지만 고객과 관계를 맺는다는 생각을 버려야 한다. 고객이 구매한 상품과 서비스를 사용하지 않는다면(그 이유가 무엇이든) 고객이 상품과 서비스에 길들여지는 일은 없을 것이기 때문이다. 고객과의 진정한 관계는 구매 후에 발생한다. 영업실무자는 영업활동 과정에서의 관계를 중요하게 생각하지만, 고객은 구매 후 자신의 기대에 부합하는 가치를 누릴 수 있는가에 따라 영업조직과 영업실무자와의 관계수준을 결정한다.

따라서 영업실무자는 고객이 자신에게서 구매한 상품과 서비스를 적극적으로 사용해 더 많은 이익과 혜택을 보도록 하는 활동(계약 후 가치관리 활동)이 필요하다. 이 활동의 시작은 인간적인 관계를 구축하는 것이다. 좋은 인간관계는 더 많은 접촉이 가능해지고 고객에게 상품과 서비스를 사용할 수 있는 기회를 늘려 줄 것이고 필요하다면 사용법도 추가로 알려 줘 더 많은 가치를 누리도록 도와줄 수 있다. 두 번째 방법은 추가적인 서비스(사용법에 대한 모임 혹은 세미나, 블로그를 통한 사용법 알리기와 고객들의 사용 경험 공유 등)를 제공해 상품과 서비스의 가치가 고객의 생활속에 녹아 들게 하는 것이다. 서비스 제품(금융, 보험 등)을 판매하는 영업실무자 역시 서비스에 서비스를 더하는 방법을 알아서 자신의 영업력을 강화할 필요가 있다.

이번 제3장에서는 이 두 가지 방법에 대해 알아보도록 한다.

1) 고객과 밀착하라

더 나은 고객과의 인간관계 형성을 위한 방법이다. 영업실무자와 고객과의 인간적인 밀착 수준을 강화하는 목적은 고객에게 더 많은 가치를 보여 주고, 고객이 그 가치는 다 자주 그리고 더 많이 누릴 수 있는 기회를 제공하는 것이고, 이를 통해서 영업실무자에게 필요한 추가적인 영업의 기회를 확보하기 위해서이다. 물론 그 이후 다른 가망고객을 추천받는 것까지 포함한다. 다음의 방법으로 고객과 밀착하도록 하라.

(1) 당신이 고객을 생각하고 있다는 것을 보여 주라

늘 먼저 전화하고 메일과 메시지를 보내라. 그리고 이 메시지를 보낼 때는 고객 개개인에게 맞춤식으로 보내라. 스팸메일 혹은 대량 메시지를 발송하듯이 보내지 마라. 단순한 시사 정보 보다는 고객이 구매한 제품을 더 잘 사용할 수 있는 방법과 편리함을 늘릴 수 있는 것에 대한 정보를 보내라. 고객의 생일축하 메시지 혹은 전화는 저녁에 하라.

(2) 새로운 것을 조금씩 보여 주라

영업실무자로서 전문성 확보와 성장의 모습을 보여 줘라. 늘 발전하고 성숙하고 성장하는 영업실무자를 고객은 좋아하고 신뢰한다. 영업실무자의 역량향상이 고객에게 도움이 된다면 고객은 관계유지에 관심을 반응을 보일 것이다.

(3) 구매가치를 향상시키기 위한 노력을 하라

고객은 구매한 상품의 모든 가치를 누리지 못한다. 올바로 사용하지 못한다. 상품의 추가적인 가치를 하나씩 알려 주도록 하라. 블로그, 카페, 밴드 등을 활용해 더 많은 가치를 누릴 수 있는 방법을 알려주라. 새로운 가치를 보여 주고 그 가치를 위해 추가구매(액세서리, 소프트웨어 등)를 하도록 제안하라.

(4) 가치 있는 고객에게는 이익을 주거나 추가할인을 해 주라

추가적인 덤을 제공하라. 이것은 고객이 기대하지 않은 것일 때, 그리고 고객이 필요로 하는 것일 때 가치가 있다. 기대이상을 제공하는 것이다. 고객이 필요할 때 예상하지 않는 프리미엄 서비스를 제공하면 고객의 마음을 얻을 수 있다. 이를 위해 늘 고객과 접촉하고 고객의 상황에 대한 정보를 수집하라.

(5) 고객에게 문제가 생기면 그때마다 당신을 찾도록 하라

가능하면 문제를 사전에 예방하도록 도와주라. 발견된 문제만 해결해 주지 말고 주변의 문제도 진단해 주고 예방책과 해결방법을 자세히 알려 줘라. 늘 고객과 소통할 수 있는 채널을 확보해 두라. 고객이 채널을 알도록 하고 필요할 때 부담 없이 그 채널을 활용하도록 하라. 고객의 오아시스가 되라.

(6) 고객의 시간이나 돈을 고객이 잃는다면 어떤 방법으로든 보상해 주라

영업실무자가 판매한 상품 혹은 서비스로 인해 발생된 손해는 영업실무자가 책임지겠다는 태도를 보여 줘라. 고객이 더 많은 이익을 볼 수 있는 기회가 있다면 알려주라. 필자가 아는 자동차를 영업하는 지인은 자신의 고객이 아닌데도 자사 자동차를 운행하는 고객에게 자동차 수리를 저렴하게 받을 수 있는 방법을 알려주어 고객의 마음을 얻는다고 한다.

(7) 사적인 관계를 맺어라

인간관계 기술을 배워라. 고객의 네트워크에 가입하라. 개인 네트워크를 개발해 고객을 참여시켜라. 페이스북 등을 이용해 고객을 친구로 만들어라.

(8) 늘 정직하라

정직 이상의 무기는 없다. 팔기 위해, 곤란한 상황을 벗어나기 위해 임기응변의 잔재주를 발휘하지 마라. 가장 위험한 영업활동이다.

(9) 고객이 주는 보상(추천 등)은 무조건 받아들여라. 그리고 감사하라. 그 이후의 진행상황을 공유하라. 추천으로 인해 고객이 부정적인 피드백을 받지 않도록 신중하게 영업활동을 하라.

(10) 고객의 사생활을 존중하라

지나친 개입을 금지하라. 비즈니스와 인간관계를 잘 구분하라. 사적인 접근을 할 때는 늘 허락을 받아야 한다.

(11) 약속을 함부로 하지 말고 공약한 약속은 반드시 지켜라 신뢰구축의 첫걸음은 약속이 지켜지는 것이다. 무리한 약속을 하지 마라. 고객의 무리한 요구에 대해서는 원칙과 일관성으로 대응하라.

(12) 사람을 소개받을 때마다 결과를 피드백 하라. 필요하면 도움을 요청하라. 소개받은 사람과의 거래관계는 가급적 성공하는 것이 좋다. 이때의 거래 수준은 소개를 해 준 고객과 같아야 한다.

(13) 고객을 유명하게 만들어라

고객을 스타로 만들어라. 사용 후기를 요청하라. 트위터나 페이스북을 이용해 고객들의 경험을 실시간으로 중계하고 공유하라. 고객들 스스로 자신의 사용경험을 공유하도록 하라.

(14) 주기적으로 실행(사용 수준과 정도 등)을 조사하라

고객의 사용상황을 파악하고, 영업실무자는 기본적인 서비스를 할 수 있어야 한다. 추가적인 기회를 발굴할 수도 있다. 정기적인 점검으로 고객이 기대한 혜택을 지속하도록 가치를 관리하라.

(15) 소통 라인을 열어 두라

언제 어디서든 고객이 연락할 수 있도록 하라. 고객의 메시지, 이메일에는 반드시 답장을 즉시 보내도록 하라. 시간이 걸리는 조치일 경우에는 고객이 안심하고 기다릴 수 있도록 조치 혹은 수리과정을 알려야 한다.

2) 고객 만족의 기법

만족한 고객이 제공하는 가치는 영업실무자의 기대 이상임을 잊지 마라. 어떤 상황에서든 영업실무자는 고객 만족에 최선을 다해야 한다. 그 방법을 알아보기 전에 고객들에게 불만을 갖게 하는 영업실무자 혹은 판매사원의 행동과 태도, 메시지들을 살펴보자.

고객 불만의 16가지 반응과 극복: 다음의 반응들이 고객으로 하여금 자신이 부당한, 무가치한 대우를 받는다는 느낌과 생각을 하게 만드는 표현들이다. 이러한 경험을 한 고객은 영업실무자와 오래 거래하기를 원하지 않는다. 다른 대체재 혹은 대안을 찾는 노력을 하게 되고 그것이 발견되면 재빨리 이동한다.

(1) "난 몰라요"

"제가 알아보도록 하겠습니다." 고객은 당신이 알고 있기를 기대한다. 문제를 해결해 주기를 바란다.

(2) "난 관심이 없어요"

당신 일과 영향력에 자부심을 가져라. 고객에게 긍정적이고 열린 마음으로 관심을 보여라. 고객을 방치하거나 방관해서는 안 된다.

(3) "날 귀찮게 좀 하지 말아요"

고객의 모든 접촉에 우선순위에 두고 고객의 요구를 신속하게 처리하라. 수다, 잡담을 그치고 고객을 보라. 개인적인 통화를 멈추고 고객과 대화하라.

(4) "난 당신이 싫어요"

고객의 어떠한 태도, 요구에도 불쾌한 감정을 드러내지 마라. 고객은 당신의 모든 반응에서 당신의 태도와 마음을 파악한다.

(5) "난 이미 다 알고 있어요"

고객의 말을 끝까지 경청하라. 말을 가로채지 마라. 필요하면 좀 더 자세히 알려 달라고 요청하라. 고객이 불만을 표현하면 공감하고 사과하며 원하는 조치를 먼저 물어라.

(6) "당신은 아무것도 몰라요"

고객의 질문을 존중하라. 고객의 질문에 멍청한 질문은 없다. 어떤 질문이든 고객에게는 중요하다. 영업실무자인 당신에게 중요한 것이 아니더라도 고객의 무지를 확인하게 하는 것이 아니라 방법을 알려 주라.

(7) "당신 같은 사람은 여기에 오지 않았으면 좋겠어요"

외모로 판단하지 마라. 무관심을 보여서는 안 된다. 눈이 마주치면 인사를 하라. 한 번 다녀간 고객은 반드시 기억하도록 하라.

(8) "다시는 오지 마세요"

서비스는 다시 찾아오게 하려고 행하는 것이다. 단골로 찾아 준 것에 감사하라. 당신이 모르는 고객의 요구(불만, 불평 등)를 알려 줌에 감사하는 마음을 가져라. 그러한 문제를 해결하는 능력은 영업실무자로서 당신의 능력을 보여 주는 것이고 강화시키는 것이다.

(9) "내가 옳고 당신은 틀려요"

고객과 논쟁 또는 언쟁을 하지 마라. 고객을 이기려고 하지도 마라. 고객에게 져 준다고 해서 당신이 손해 보는 일은 없다. 논쟁에서 이기면 당신은 기분이 좋을지 모르지만 고객은 떠난다.

(10) "빨리하세요, 기다리세요"

고객의 시간을 빼앗거나 조종하려 하지 마라. 조치를 자세히 설명하고 기다려라. 고객이 기다려야 할 때는 얼마나 기다려야 하는지, 왜 기다려야 하는지, 그 시간에 무엇을 할 수 있는지를 알려 주도록 하라. 고객은 영업실무자가 요구하는 업무에 서투를 수 있다. 고객을 다그치지 말고 기다리고 필요하면 대신해 주라.

(11) "짧게 이야기하세요. 회의에 들어가야 해요"

고객이 우선이다. 고객은 논리적으로 말하지 못한다. 당신이 도와주어야 한다. 회의는 당신의 일일지 모르지만 고객은 자신이 무시당한다고 느낀다. 당신이 영업실무자라면 회의의 주요 내용은 매출을 올리거나 고객 만족을 위한 것일 것이다. 그런데 고객을 떠나게 하고는 어떻게 그 회의를 성공적으로 진행할 수 있겠는가?

(12) "손님, 우리가 두 번 이상 청구서를 보내지 않았다면 손님은 신용불량자가 되었을 것입니다"

어떠한 경우에서도 고객에게 부정적인 메시지를 보내지 마라. 고객에게 협박하거나 위협적인 메시지를 보내서는 안 된다. 고객의 기억에는 오래 남는다. 이것을 기억하는 고객은 이탈 가능성이 큰 고객이 된다. 당연히 기회가 오면 그 기억을 상기하고 다른 곳으로 떠난다.

(13) "아, 그건 ○○부 소관입니다. 저는 ○○부서에 있어서 그것에 대해서는……"

그렇다면 처음부터 당신이 나서지 마라. 당신이 고객을 맞이하였다면 끝까지 책임지는 태도를 보여 주라. 다른 부서의 일이라도 당신이 안내하고 도와주도록 하라. 고객은 더 이상의 감동을 할 수밖에 없을 것이다.

(14) "제 컴퓨터가 고장입니다. 나중에 다시 전화를……"

당신의 상황을 고객은 잘 모른다. 고객은 자신의 요청이 신속하게 처리되기를 바랄 뿐이다. 핑계나 변명을 하지 말고 해결방법을 제시하라.

(15) "손님께서는 아직 쇼핑을 더…… 하지만 제가 지금 퇴근을 해
     야 하기 때문에…… 그래서 계산을 먼저……"

고객이 매장에 있는데 어떻게 영업실무자가 퇴근할 생각이 드는
가? 규칙이라고? 그럼 고객 만족과 고객에게 판매하는 것은 당신의
의무이지 않는가? 고객 만족이 더 중요한 규칙이 아닌가? 당신의 이
익이나 편리함을 위해 고객을 불편하게 해서는 안 된다.

(16) "우리가 하는 비즈니스 방식을 손님께서 이해하셔야 합니다"

당신은 고객을 위해 일한다. 당신의 방식에 고객이 맞춰 달라고 요
청하지 마라. 당신의 영업·판매 방식이 고객에게 맞지 않다면 당신
의 방식을 먼저 바꿔야 한다.

2. 고객 만족을 실행하라

만족의 기준은 고객이 정하는 것이다. 영업조직과 영업실무자가
고객만족을 위해 노력하는 것도 중요하지만, 고객이 직접 평가하는
만족이 중요하다. 고객만족은 구호로 달성되는 것이 아니고 행동으로
보여주는 것이다. 다음의 몇 가지 방법으로 고객만족으로 실행하라.

(1) 고객과 대화하라

고객은 영업조직과 소통하기를 원한다. 조직의 상급자들이 정기적
으로 고객과 대화하는 기회를 만들고 실천하라. 다양한 대화의 창구
를 마련해 고객이 쉽게 이용하도록 하라. 늘 고객에게는 대화의 창구

를 열어 두고 고객의 대화요청에 실시간 응하도록 하라. 홈페이지에서 고객의 질문 혹은 불평에 대한 대답은 하루를 넘겨서는 안 된다.

(2) 고객이 참여하게 하라

상품과 서비스의 가치를 강화할 기회를 제공해 고객이 자신의 경험을 공유하도록 하라. 최근에는 페이스북을 홈페이지에 연결해 고객의 참여(상품과 서비스의 사용경험, 기억에 남는 경험 등)를 유도하고 이를 판매의 기회로 연결하는 기업들이 늘어나고 있다. 영업실무자도 이러한 기술을 활용할 수 있어야 한다. 최근 소비자들의 소비패턴에서 나타나는 프로슈머(por sumer), 리서슈머(reser sumer), 규레이슈머(cura sumer)들은 적극적인 참여를 원하는 소비자들이다.

(3) 고객의 성공을 축하하라

고객이 상품과 서비스를 구매하였을 때, 구매 후 원하는 성과를 얻었을 때 고객의 성공을 축하하는 이벤트 등을 제공하라. 늘 고객과 접촉해서 이러한 정보를 수집하라. 고객이 이러한 성공을 확인할 수 있는 조치를 취해라.

(4) 고객의 문제를 해결해 주라

고객의 문제는 구매상의 문제, 사용상의 문제, 소유관련 문제들이 있다. 고객은 어떠한 경우는 문제발생을 원하지 않는다. 고객이 자사와 혹은 영업실무자와 만나는 모든 접점에서 발생할 수 있는 문제를 해결해 주어야 한다. 비록 타사의 제품이더라도 그 해결방법을 알면 고쳐 주라. 고객에게 "고객님의 잘못이다. 고객님이 잘못된 제품을 구

매했다" 등등의 말을 해서는 안 된다. 때로는 고객의 개인적인 문제
도 영업실무자의 네트워크로 해결 가능하면 적극적으로 지원하라.

(5) 고객에게 맞는 제품을 제공하라

고객의 니즈를 명확히 파악한 후 판매활동을 하고 제안을 하라. 필
요하다면 새롭게 개발해 주겠다고 하면서 고객을 참여시켜라. 고객
만족의 출발점이고 고객의 불평을 제거하는 방법이고 고객을 습관화
시키는 지름길이다. 무조건 좋은 제품이고 가장 적절한 제품이라는
말을 하지 마라. 근거와 사례로 고객 스스로 자신의 제품이라는 인식
을 갖도록 해야 한다.

(6) 고객 만족도 조사 데이터를 고객과 함께 상의·토론하라

만족도를 올리기 위해 원하는 것이 무엇인지를 파악하라. 영업실
무자는 자신의 고객을 자신의 팬으로 만들어 관리하고 그들의 반응
과 요구사항을 늘 살펴야 한다. 만족한 고객은 반드시 보상한다.

(7) 영업의 인센티브는 계약 후 1년 뒤 고객의 만족도 조사 결과에
따라 달라지도록 하라

이는 영업조직이 고려할 사항이다. 하지만 영업실무자는 고객과의
관계를 계약 후에 올바르게 구축하는 노력이 필요하다. 고객만족은
구매과정에서의 만족과 구매 후의 만족으로 구분된다. 구매 후의 만
족이 진정한 고객만족으로 연결된다.

(8) 무리한 약속을 하지 마라

이를 위해서는 자사와 자신의 능력을 제대로 파악하고 있어야 한다. 약속한 후 이행을 하지 않는 것보다 약속하지 않고 나중에 그 요구를 들어주는 것이 훨씬 고객을 행복하게 한다.

(9) 영업 경쟁력을 위해 전략적 제휴를 하라

영업조직 차원에서도 전략적인 제휴를 하지만 영업실무자 차원에서도 자신의 네트워크를 통해 가능하다. 영업실무자는 자신의 네트워크를 다양화할 필요가 있다. 고객에게 더 나은 가치를 제공할 수 있는 다양한 내·외부 역량들과 전략적인 제휴를 하라. 제휴에 소요되는 비용은 고객이 더 나은 가치를 누린다면 보상을 할 것이다.

(10) 신뢰를 지켜라

필요하다면 특정고객과 일을 할 때는 그 고객의 경쟁자와는 일하지 마라. 이를 알리고 지켜라.

(11) 고객이 자사의 상품, 기술에 대한 인증을 받도록 하라

교육을 통해 자사의 상품에 습관을 들이도록 하라. 교육을 지원하라. 상품을 제대로 사용할 수 있는 포럼, 블로그, 카페 등을 운영해 고객이 참여하도록 하라.

(12) 고객이 쉽게 일상의 조정 기능을 할 수 있도록 웹을 이용하라

웹하드 등의 사이트에 고객이 접속해 제품과 관련된 일상의 문제를 해결할 수 있는 정보를 공유하고, 이를 이용하는데 필요한 아이디와 비밀번호를 개별로 제공하라.

(13) 깨진 약속을 숨기지 말고 솔직히 알리고 대안을 함께 고민하라

① 사과하라.

② 다른 부서나 동료에게 책임 전가를 하지 마라.

③ 인정하라.

④ 고객이 바라는 바를 빨리 찾아라.

⑤ 모르면 물어보라.

◇ 고객 만족을 위한 영업실무자의 멘트

영업실무자는 고객과 대화할 때 사용하는 단어와 표현에 주의를 기울여야 한다. 신중하게 선택된 단어를 사용해야 한다. 순간적으로 던진 말 한마디가 고객의 감정을 상하게 할 수도 있다. 특히 무엇인가 불만 혹은 불편한 점이 있어 영업실무자를 찾은 고객에게는 더욱 신중하게 대응하여야 한다.

〈표 1-2〉 고객 만족 메시지

사용하면 좋은 단어	사용하면 안 되는 단어
제발, 부디 예 제가~해도 될까요? ~을 고려해 보시지요 ~하세요 조정을 원하시나요? ~을 하지 않겠습니까? 고맙습니다 귀하 우리 ~를 하실 수 있을까요? ~해 주실 수 있습니까?	할 수 없습니다 결코 안 됩니다 제 일이 아닙니다 모릅니다 ~하셔야 합니다 아무 말도 마세요 규정상 안 됩니다 제 담당이 아닙니다 잠시 기다리세요 시간이 없어서…… 해 보지만 가능할지……

3. 가치 있는 서비스를 제공하라

고객에게 서비스란 자신이 구매한 상품과 서비스의 가치를 더 많이 쉽게 누리고 불편함을 경험하지 않는 것을 의미한다. 이러한 상품과 서비스가치의 강화는 고객으로 하여금 더 많은 비용을 기꺼이 지불하도록 한다. 추가 상품을 구매하고 서비스 시스템에 가입하며 기꺼이 충성고객이 된다.

영업실무자에게 서비스는 자신의 영업력을 강화하는 도구이다. 조직 차원의 서비스도 있지만 영업실무자 개인적으로 개발해 활용할 수 있는 서비스도 있다. 이를 위해서는 서비스에 대한 기본적인 이해를 하고 있어야 한다. 따라서 서비스에 대한 개념과 종류 그리고 서비스 개발방법에 대해 핵심을 알아보고자 한다. 이를 통해 영업실무자는 자신의 상품과 서비스와 조화가 된, 고객에게 가치가 있는 자신만의 차별화된 서비스를 개발하기 바란다.

1) 서비스 이해

(1) 서비스란

서비스는 고객에게 부가가치를 제공하는 유형, 무형의 상품이다. 고객은 가치있는 서비스에 대해서는 기꺼이 비용을 지불한다. 여기서 강조하는 서비스는 영업실무자가 고객에게 일반적으로 제공하는 샘플, 덤의 수준을 벗어난 것이다. 고객이 구매한 상품 혹은 서비스의 가치를 더 다양하게, 더 수준 있게 누리도록 해 주는 것을 의미한다.

서비스는 다음의 운영상의 특성이 있다.

- 서비스는 무형이다. 의료행위, 법률 혹은 경영자문, 병원, 은행, 주식, 코칭 등은 눈에 보이지 않지만 고객이 기꺼이 비용을 지불한다.
- 서비스는 생산과 동시에 소비된다. 서비스는 그 행위가 발생함과 동시에 사라진다. 이륙한 비행기의 빈 좌석은 그대로 비용이 된다.
- 서비스는 고객의 참여가 필요하다. 서비스는 그 과정에 고객이 참여해야만 가치가 발생한다. 은행의 인터넷 뱅킹은 고객이 접속하면 서비스 시작이고 접속을 끊으면 서비스가 종료된다. 은행지점을 고객이 찾을 때 서비스가 발생하고 떠나면 서비스는 종료된다. 따라서 고객과의 접점관리가 매우 중요하다.
- 서비스는 고객에 따라 다르다. 개인에 따라 요구되는 서비스의 종류와 수준은 다르다. 상황(고급 레스토랑과 일반 식당에서의 대기 시간)에 따른 서비스도 다르다. 호텔에서의 체크인과 체크아웃을 위해 기다리는 시간에 대한 만족의 폭이 다르다.
- 서비스는 시간 소멸성을 갖고 있다. 시간이 지나면 그 서비스는 사라진다. 영화관의 빈 좌석은 영화가 시작되면 그 가치가 사라지고 비용이 된다. 이를 만회하기 위해 조조할인 등의 방법이 동원된다.

영업실무자는 자신이 판매하는 상품과 서비스의 가치를 극대화하고 고객이 그 부가가치를 누릴 수 있도록 차별화된 서비스를 개발할 필요가 있다. 고객이 구매하기 전부터 구매 후 사용하는 중간에 그리고 사용 후 폐기 혹은 교체의 순간까지 매 순간 고객이 더 쉽게, 더 편리하게 구매의 이익을 누리도록 다양한 지원을 할 수 있어야 한다.

(2) 고품질 서비스의 이점

① 고객 로열티, 지갑 점유율, 판매 수익률 증가

② 판매 횟수, 반복거래, 대규모 판매, 주문량 증가, 재주문 확보

③ 추가판매, 교차판매, 연속판매 가능

④ 기존고객 유지 및 신규고객 증가

⑤ 영업활동 비용 절감

⑥ 불만에 신속한 대응, 불만 해소, 단골고객의 증가

⑦ 회사에 대한 긍정적인 평가

⑧ 경쟁사와의 차별화로 영업력 강화

⑨ 고객의 긍정적인 반응에 기인하는 영업실무자의 사기 및 생산성 증가

⑩ 직원들 간의 관계 개선, 원활한 의사소통

⑪ 고객의 전환비용 증가

⑫ 고객 이탈률 감소

(3) 추가이익

① 고객 이탈의 손실을 예방할 수 있다.

　가. 서비스는 미소 짓는 것 이상의 것이다. 미소 짓는 것은 서비스가 아니다. 미소는 고객을 환영하는 것 이상을 제안하지 않는다. 서비스는 그 이상의 가치를 제공하는 것이다. 고객의 문제를 해결하지 못하는 미소는 의미가 없다.

　나. 미소보다 중요한 것은 고객의 문제 해결 혹은 부가가치 강화이다.

② 고객 로열티 확보

가. 상황에 따라 가변적이다.

나. 깨지기 쉽다.

다. 안심할 수 없다. 그래서 늘 고객의 충성도를 예의 주시하고 변하지 않도록 조치를 취해야 한다.

③ 나쁜 서비스(지켜지지 않는, 과장된, 불편하고, 불친절하며 무능한 서비스)는 영업활동과 판매활동(광고 등)을 무용지물로 만들고 더 많은 비용을 요구하며 엄청난 고객 이탈 비용을 초래한다.

④ 고객서비스는 수익 센터다.

가. 영업활동비, 광고비 절감

나. 주문량 증가, 이탈고객 줄이기

다. 입소문 등으로 추가 매출을 불러온다.

⑤ 영업실무자의 연간 고객 이탈률이 15~20%라면, 고객 유지율 5% 증가는 25~100%까지 순이익 증가효과를 가져온다. 다음의 정보를 분석하라.

가. 이탈률

나. 거래 수명기간의 총 매출액

다. 매년 이탈로 손해 보는 총 매출액

라. 거래 수명기간의 총 이익액

마. 연간 이탈로 손해 보는 총 이익액 등을 분석해 고객에 대한 서비스를 개발하고 고객을 관리하라.

(4) 서비스 유형과 수준

① 서비스는 다음의 서비스 활동의 특성이 있다.

가. 유형의 서비스인가? 무형의 서비스인가?

나. 고객을 대상으로 하는 서비스인가? 상품을 대상으로 하는 서비스인가?

다. 지속적으로 제공되는 서비스인가? 간헐적으로 제공되는 서비스인가?

라. 고객과 관계가 회원제인가? 아니면 비회원제인가?

마. 고객이 참여하는 정도가 강한가? 약한가?

바. 서비스를 제공하는 영업실무자의 능력, 개입수준이 높은가? 낮은가?

사. 서비스를 요구하는 폭이 넓은가, 좁은가?

아. 고객이 찾아와야 하는가? 고객을 찾아가는 서비스인가?

영업실무자는 고객들의 수준과 요구사항에 맞춰 자사의 조직의 영업-서비스 시스템과 자신의 능력을 접목해 차별화된 자신만의 서비스를 개발하는 것이 필요하다.

2) 서비스 수준

영업실무자가 개발해야 하는 서비스 수준은 다음 4개가 있다.

(1) 기본 서비스: 고객 요청에 대응하는 서비스 ➜ 수동적, 서비스에 대한 요청이 생겨야만 발생

가. 고객의 컴플레인, 불만 해소

나. 고객을 만족시키는 것이 목적, 문제 해결

다. 기본에 충실

라. 고객 만족을 위해 세부적인 것까지 점검

(2) 제안 서비스 ➜ 고객이 요구하기 전 제공 ➜ 적극적 서비스로
    고객으로부터 경제적인 이익을 얻을 수 있음
    가. 고객보다 앞서서 생각
    나. 고객을 관찰: 구매 전 ➜ 구매과정 ➜ 사용 ➜ 사용 후까지
    다. 새로운 옵션 제안
    라. 사전에 행동을 하고 알린다.
    마. 개인화 추구
    바. 여기에서부터 추천이 적극적으로 발생

(3) 비즈니스 서비스 ➜ 매출 확대, 고객충성도를 강화할 수 있는 서
    비스
    가. 고객의 생애가치, 라이프스타일의 변화, 고객군의 트렌드 파악
    나. 고객에게 묻는다.
    다. 부가가치 강화
    라. 추가판매, 확대판매의 기회가 주어진다.

(4) 전환 서비스: 경쟁사 고객이 이동해 오도록
    가. 경쟁 그 이상을 생각
    나. 고객에게 영향을 미친다.
    다. 상품과 서비스를 통해 새로운 미래(라이프스타일 등)를 창조

기본 서비스에만 머물러서는 진정한 서비스를 통한 고객관리에 한

계가 있다. 전환 서비스까지 개발하고 지원해 더 많은 영업의 기회를 확보하고 고객을 고착화하라.

3) 서비스 개발

(1) 서비스 개발 요소

가치 있는 서비스를 개발하기 위해서 영업실무자는 다음의 몇 가지 요소를 분석하고 결정해야 한다.

① 누구를 대상으로 서비스를 개발하고 그 대상으로 할 것인가? 고객의 차별화 작업을 수행해 고객의 수준에 맞는 서비스를 개발해야 한다.

② 목표로 정한 고객에게 어떠한 서비스를 제공할 것인가? 구체적인 서비스를 개발한다. 고객에게 직접 제공할 것인가? 고객이 구매한 상품에 제공할 것인가?

③ 어떻게 전달할 것인가? 전달방법, 즉 고객이 서비스를 이용하는 방법에 대해 고민을 한다. 고객을 찾아갈 것인가, 고객이 오도록 할 것인가, 지속적으로 제공할 것인가, 간헐적으로 제공할 것인가 등을 결정한다.

(2) 서비스 개발 원칙

① 강하게 끌어내라

가. 기억에 남는 것은 결말이다.

나. 끝날 무렵에 인상적인 성과 또는 경험을 하도록 하라.

유람선에서 여행 마지막 날에 선장과 함께 기억에 남는 파티를 제공하는 것이 이 효과를 활용하는 것이다.

　다. 다소 화려하게 끝내라.

　라. 고객이 구매 후 영업실무자의 상사가 인사·행사, 서비스
　　제공 후 이벤트 제공, 조직 CEO의 감사 편지

② 유쾌한 경험을 세분화하라

　가. 바람직하지 못한 사건이 먼저, 바람직한 사건이 나중에 생
　　기도록 하라.

　나. 구매 상담을 하는 중간에 즐거운 경험을 제공하라.

　다. 고객이 상담과 구매과정을 즐기도록 하라.

　라. 계약 후 고객이 떠날 때 최고의 경험을 제공하라. 일반매장
　　에서는 이와 반대로 한다. 고객이 문을 열고 들어올 때와는
　　달리 문을 열고 나갈 때(구매를 하였든 하지 않았든) 판매사
　　원의 친절수준이 떨어진다.

③ 고객의 경험을 분석, 관리하라

　가. 구매단계를 줄여라. 상품과 서비스의 가치를 경험하도록 하
　　고 쉽게 구매가 가능하도록 하라.

　나. 고객이 구매 후의 즐거움을 세분화해서 많이 즐기도록 ➔
　　사용법, 다양한 사용기회 제공

④ 선택하도록 하라

　가. 헌혈: 자신이 피를 뽑을 팔을 고르면 덜 고통스러워한다.

　나. 자신이 절차에 대한 통제권이 확보되어 있을 때 더 행복하
　　고 편안하게 느낀다.

　다. 서비스의 일부 흐름과 시스템을 고객이 선택하도록 하라.

⑤ 의식을 행사하라

　가. 반복되는 친숙한 행위 중에서 평안과 질서, 의미 발견

　나. 의식: 장기적인 전문 서비스의 경우 더욱 중요

　　· 결정적인 관계의 설정, 전문적인 신뢰성의 확보, 참여의
　　　식의 창출, 고객유인, 기대 설정, 피드백의 효과

　　· 화려한 소개, 축하 행사, 고상한 프레젠테이션, 화려한 수
　　　료식 등등

(3) 서비스 전달

영업실무자는 자신이 개발한 서비스, 조직이 제공하는 서비스를
고객에게 제안하고 제공하는 타이밍도 잘 잡아야 한다. 다음의 방법
으로 서비스를 전달하도록 하라.

① 고객이 원하는 것을 고객의 말에서 발견하라

　가. "다음 주까지~을~게 해 주세요!"

　나. "~을 여름이 오기 전에~해 주세요!"

　다. 고객의 데드라인을 확인하라.

　라. 고객의 데드라인을 당신이 이해한 것을 제시해 고객의 확인
　　　을 받으라.

　　· "~을~까지 해 달라는……"

　　· "아니오?"

　　· "그럼……" "왜"

　　· 대안 찾기

　　· 자신이 원하는 것을 말하도록 하면 고객은 자신이 통제권
　　　한을 갖고 있다고 생각하고 편하게 결정한다.

② 고객이 기다릴 때 가장 짜증나는 것은 얼마나 오래 기다려야 하는지를 모를 때이다. 이 정보를 제공하라

    가. 패스트푸드: 고객이 불평 없이 최대 대기시간: 5분

    나. 고급 레스토랑의 저녁: 30분

    다. 기다리는 고객에게

- 무슨 일이 일어나고 있는지
- 일이 어떻게 준비, 진행되고 있는지
- 결과가 어떻게 될 것인지……
- 언제 그것을 확인할 수 있을지 등등에 대해 알려라.
  - 서비스의 진행과정, 일하는 방식, 고객의 참여 여부, 소요시간 등을 알려 주라.
  - 눈을 마주치는 것만으로도 고객은 기다리는 시간을 편하게 느낀다.

③ 고객을 안심시켜라

    가. 친절함이 일 처리의 노련함을 대신할 수 없다.

    나. 일 처리하는 능력과 자신감을 보여 주라. 신중하고 전문가답게 처리하는 모습을 보여 주라.

    다. 매뉴얼을 보면서 가전제품을 설치하는 직원과 숙련된 직원을 고객은 어떻게 볼까?

    라. 당신의 지식과 경륜을 사용해 일을 확실하게 처리해 고객의 신뢰를 얻고 고객이 안도하도록 만들어라.

- 제품에 대한 지식
- 회사에 대한 지식
  - 추가적인 이익을 얻는 기회

─ 다른 문제를 해결하는 방법 등 조직의 다른 부서 능력
을 동원하고 활용하는 능력
· 경청의 기술을 통해 고객을 안심시켜라.
─ 고객을 더 잘 돕기 위해 필요한 질문을 하라.
─ 때로는 고객은 당신이 그러한 질문을 던져 주기를 바란다.
· 고객의 이야기를 듣고 고객이 원하는 내용을 두 번 이야
기하게 하지 마라.
─ 문제 해결 기술을 강화하라.
④ 눈에 보이는 서비스를 하라
가. 성취된 서비스의 질이 중요하다.
나. 서비스 전-중-후의 결과를 가능한 한 고객이 볼 수 있도록
하라.
· 문제 해결과 혜택, 편리함을 직접 보여 주라.
· 지속적인 혜택을 보는 방법을 알려 주라.
다. 깨끗한 청구서, 깨끗한 가방과 장비들, 옷, 신발 등
라. 서비스 후의 정리 정돈 ➜ 처음 상태 그대로
마. 고객의 말을 경청하고 메모하고 확인하는 태도
바. 매너, 예절, 이미지 등
사. 일하는 방법, 일하는 장비, 일하는 장소 등을 인상적으로 하라.
⑤ 재치 있고 유용한 질문을 하라
가. 서비스할 내용을 규명하고 고객이 마음을 정리하도록 한다.
· 무엇을 어떻게 도울지를 판단하기 위해 적절한 질문을
하라.
· ～을 알아야 제때에, 그것을 해결해 줄 사람을 연결……

・ ~을 알아야 다른 직원/사람이 반복질문을 하지 않도록……

・ 당신이 그 정보가 필요한 이유를 서두에 설명, 확인하라.

나. 종류

　・ 객관식 질문: "예", "아니오"로 답

　・ 배경질문

　・ 주관식 질문: 긴 설명, 대화형식으로 전개

　・ 조사성 질문: 정보를 얻기 위한 수단, 따지지 마라.

　　－ 5w1h

　　－ 누가 사용하나요?

　　－ 무엇이 어려운지요? 불편한가요?

　　－ 어떻게 되기를 바라시나요? 어떤 수준을 원하는가요?

　　－ 좀 더 이야기해 주세요.

다. 고객의 의도를 이해했는지 확인하라

　・ 확인질문: 당신의 이해수준 확인+고객의 추가적인 정보 제공 또는 설명

라. 침묵을 동의로 착각하지 마라

마. 상황을 설명, 정의한 후 대답을 요청하라

바. 잘못된 질문

　・ 잘못된 타이밍과 순서

　・ 당신이 알고 있어야 하는 것을 질문

　・ 너무 많은 질문

　・ 지나치게 개인적인 질문

⑥ 단어를 제대로 사용하라

가. 금지할 말투

- 저는 모릅니다 ➜ 와, 좋은 질문이군요. 제가 한번 알아보겠습니다.
- 저희는 그렇게 할 수 없습니다 ➜ 와, 그건 쉽지 않겠는데요…… 하지만 할 수 있는 데까지 해 보도록 하지요. 그다음에 해결책에 대해 상의를…… 또는 다른 해결책을……
- 고객께서 이렇게 하셔야 합니다 ➜ 고객께서~하실 필요가, ……왜냐하면~한 문제 해결을 위해서 또는 편리함을 위해서…… 다음이 또 이런 일이 생기면~을~게 하시면……
- 잠깐만요. 금방 돌아올게요 ➜ 그것을 하기 위해 약~분간 소요될…… 기다릴 수 있으신지요……
- 안 돼요 ➜ 가능하면 긍정적인 표현으로 시작하라.

나. 바꾸어 표현해야 하는 말
- 그녀는 사탕을 가지러 갔는데요 ➜ 그녀는 자리에 없는데요
- 이제 다 끝났지요 ➜ 다른 도와드릴 것이 있나요?
- 천만에요 ➜ 도와드려 기쁩니다. 언제든 기꺼이 말씀을 하시면……
- 저기요, 친구, 아가씨 ➜ 이름을 불러라.
- 그건 제가 상관할 바가 아니지요 ➜ 얼마나 화가 나셨는지 이해를……
- 알았다니까요. 그렇게 할게요 ➜ 고객님을 위해 제가 챙겨드리도록 하지요.

다. 말 한 마디 한 마디에 주의를 하라

라. 호감을 주는 인상을 만들어라

　　・근접/거리, 시선, 침묵, 제스처, 자세, 얼굴표정, 신체접촉,
　　　냄새, 전체적인 외모에 신중을 기하라.

　　・고객의 마음을 읽어라.

⑦ 글로 된 커뮤니케이션을 하라

　가. 편지, 카드 메시지

　　・고객의 요청 사항과 필요한 조치를 취하기 전 확인을 위해서

　　・서류를 만들기 위해서

　　・관계를 돈독하게 하기 위해서

　나. 이메일, 편지 쓸 때

　　・정중하고 읽기 쉽게

　　・회사 이름으로 보낼 때는 공식 문서를 사용

　　・적당한 종이 크기

　　・목적과 요점을 첫 문단에

　　・간략하게, 가급적 한 장을 넘기지 않도록

　　・ '우리'라는 말보다는 '나'라는 1인칭 사용

　　・대화하듯이

　　・오탈자 없도록

　・고객의 지식수준을 맞춰 전문용어 사용

　・고객에 맞게

　・고객과의 관계수준과 고객의 만족수준에 따라 다르게

⑧ 고객에게 감사하라

　가. 감사할 때

　　・당신과 거래를 할 때마다

- 당신 또는 회사를 칭찬할 때
- 코멘트나 제안을 해 줄 때
- 신제품이나 새로운 서비스를 사용할 때
- 친구에게 당신을 추천해 줄 때
- 고객이 참을성이 있을 때
- 당신이 서비스를 더 잘 할 수 있도록 도와줄 때
- 당신에게 불평할 때
- 당신을 미소 짓게 만들 때

  나. 방법
- 말
- 서면
- 선물

⑨ 문제를 제대로 해결하라

  가. 경청하라
- 고객의 좌절감과 짜증을 없애기 위해
- 진짜 문제를 발견하기 위해

  나. 조사하라
- 적절한 질문, 문제 확인
- 고객에게 재정의를 요청

  다. 실행하라
- 느낌을 강조
- 선택안을 제시, 고르도록 하라.

  라. 보상-개인적인 것으로……

4. 인간관계를 구축하라

영업실무자는 고객과의 인간적인 관계 형성에도 매우 신중해야 한다. 영업활동은 비즈니스이지만 모든 비즈니스는 사람이 우선이다. 특히 영업활동만큼 고객과의 인간적인 접촉이 많은 업무도 없다. 따라서 영업실무자는 인간관계의 달인이 되어야 한다. 다음의 인간관계 황금률을 실천해 고객과 성숙된 인간관계를 구축하기 바란다.

(1) 비난, 비평, 불평하지 마라. 누구에 대해서도 어떠한 상황에서도 비난, 비평, 불평을 해서는 안 된다. 경쟁사에 대해서도 마찬가지이다. 특히 자신의 조직이나 조직의 지원 시스템, 상품에 대해서는 절대로 해서는 안 된다. 비록 고객이 자사에 대해 비난, 비평, 불평을 하더라고 동조하지 말고 해결방법을 제안하도록 하라. 개인적인 생활에 대해서도 비난, 비평, 불평하지 마라.

(2) 깎아내리기를 하지 마라. 고객의 의견과 선택에 부정적이 피드백을 주지 마라. 고객이 경쟁사와 거래한다고 고객의 결정을 평가절하하지 마라. 고객이 구매한 경쟁사의 제품과 서비스에 대한 부정적인 피드백을 하지 마라.

(3) 뒤통수치기를 하지 마라. 약속한 것은 반드시 지켜라. 임기응변으로 고객을 설득하려 하지 마라. 미사여구로 고객을 꾀려고 하지 마라. 진실을 말하고 정직하라. 결국은 고객이 이긴다.

(4) 칭찬하라. 개인적으로든 거래상으로든 항상 고객에게 긍정적인

메시지를 전하고 칭찬하라. 인간적으로 고객을 존중하라.

(5) 고객의 멋진 모습을 상징물로 남겨라. 상품과 서비스를 사용하는 모습을 증거물로 남겨라. 조직의 책임자가 개별적으로 고객에게 메시지를 보내도록 하라.

(6) 순수한 관심을 보여라. 고객과 거래관계로만 머물지 마라. 고객의 개인사(개인의 취미, 가족사 등)에 대해서도 관심을 갖고 대화하라. 고객의 작은 일신상의 변화도 기억하고 알아채고 강조하라. 고객을 방치하거나 혼자 두지 마라. 고객이 기다릴 때는 가끔 눈을 마주치면서 미소를 지어 주라. 망설이는 고객에게는 다가가 도움을 제공하라.

(7) 우호적인 태도를 견지하라. 늘 미소 짓고 열린 마음으로 고객을 대하라. 고객의 짜증에 흥분하거나 자극받지 마라.

(8) 고객의 관점으로 사물을 보라. 고객은 자신의 필요를 채워 주는 영업실무자의 제안을 원한다. 고객은 자신의 상황을 잘 이해하고 전문적으로 대화할 수 있는 수준 있는 영업실무자를 반기고 신뢰한다. 고객이 원하는 것, 고객이 바라는 것을 제공하기 위해서라도 고객의 관점을 유지하도록 하라.

(9) 논쟁하지 마라. 영업실무자는 고객과 논쟁에서 이길 수 있다. 하지만 그 결과 고객이 떠난다. 고객과 논쟁을 건설적인 토론 혹은 의견 교환으로 생각하라. 고객의 요구와 필요, 그리고 성향과 성격을 파악할 기회로 생각하라.

(10) 고매한 동기를 자극하라. 고객이 왜 구매해야 하는지 가치 중
심의 메시지를 전하도록 하라.

(11) 경청하라. 경청은 나의 인간성을 보여 주는 것이고, 말을 많이
하는 것은 나의 지식을 자랑하는 것이라는 말이 있다. 고객은
자신의 말에 관심을 갖고 공감을 하며 진지하게 경청하는 영업
실무자를 좋아한다. 고객이 자신의 요구와 필요를 이야기했음
에도 이를 파악하지 못하는 영업실무자와는 거래를 하지 않는
다. 경청은 영업실무자의 인간성을 고객이 받아들이게 하는 것
이고, 고객의 요구를 파악할 수 있는 최고의 무기이자 기술이다.

1. 고객이 자사의 상품과 서비스에 고착되도록 하라. 그러기 위해서는 고객이 더 많이, 더 자주 사용하도록 해야 한다.
2. 상품과 서비스의 가치를 고객은 일부만 알고 사용한다. 영업실무자는 이러한 고객에게 그 가치를 알려 주어야 한다.
3. 고객은 사소한 것에 구매의 만족 여부를 결정한다. 그리고 계속 머물 것인지, 떠날 것인지를 판단한다. 고객과의 모든 접점에서 차별화와 만족을 제공하라.
4. 고객과의 다양한 방법으로 밀착을 하고 대화를 통해 고객의 요구와 욕구를 파악하고 고객 만족을 위해 노력하여야 한다.
5. 부가가치를 올리는 서비스를 개발하고 전달해 고객의 거래수준을 향상시켜라.
6. 서비스는 공짜가 아님을 인지하고 고객에 맞는 서비스를 제공해 추가 영업기회를 확보하라.
7. 고객과의 인간관계 구축은 영업실무자의 제안에 가치를 더한다.
8. 인간관계 황금률을 활용해 고객과 성숙한 인간관계를 구축하라.

제4장
고객의 성격유형과 스타일에 효과적으로 대응하라

고객 A

항상 밝고 쾌활한 성격이다. 영업실무자를 늘 반긴다. 대화도 서슴없이 진행한다. 개인적인 이야기까지 서슴없이 꺼내면서 영업실무자의 개인사에 대해서도 관심을 많이 가진다. 재미난 이야기로 영업실무자를 즐겁게도 하고 힘든 일을 한다고 하면서 격려도 한다. 주변에 늘 사람이 있다. 영업실무자가 영업상담으로 들어가면 잘 들어주고 관심도 보인다. 그런데 정작 결정은 하지 않는다. 항상 '나중에……', '다음에……' 하면서 연기한다.

고객 B

영업실무자와 상담을 할 때 늘 자신이 하고 싶은 이야기만 한다. 그리고 늘 자신이 원하는 대로 모든 것을 결정하려 한다. 때로는 영업실무자에게 정보 요청을 하고는 느긋하게 기다리지 못한다. 고객이 원하는 정보를 제때에 제공해 주면 뜻밖에 신속하게 결정하기도 한다. 늘 자신에게 어떤 이익이 있는지에 관심이 많다.

항상 조용하고 차분하다. 목소리도 작고 신중하다. 새로운 변화에 민감하며 자신이 익숙하지 않은 환경에서는 불안감을 느낀다. 영업실무자가 다소 무리한 제안을 하면 곧바로 한걸음 물러서서 어쩔 줄을 모른다. 그런데 주변에 사용하는 전자제품을 보면 거의 한 회사 제품이 많다.

※ 고객 D

이 고객은 쉽게 영업실무자를 만나 주지 않는다. 영업실무자를 만날 때면 늘 근거자료를 요구한다. 영업실무자가 제안한 제품에 대해서도 꼼꼼하게 분석하고 궁금한 것은 항상 묻는다. 영업실무자의 답이 마음에 들지 않으면 싫은 내색이 바로 나온다. 그리고 자신이 왜 구매해야 하는지를 묻는다.

위의 각 고객에 대해 영업실무자는 어떻게 대응하여야 하는가? 고객의 성격에 따라 영업실무자에게 요구하는 것과 기대하는 것은 다르다. 따라서 영업실무자는 고객의 성격이 어떤 유형이고 각 유형의 특징과 효과적인 대응 방법을 알면 좀 더 영업상담을 효과적으로 할 수 있을 것이다. B2C고객의 경우, 이러한 성격유형은 구매유형과 영업실무자와 대화를 전개하는 스타일이 각각 다르다. 따라서 이번 장에서는 고객이 가진 성격유형에 대해 DISC라는 성격유형 분석도구를 가지고 분석해 보고 유형별 적절한 대응기법에 대해 알아보도록 한다.

1. 고객 성격유형 이해

영업실무자가 영업활동을 하면서 만나는 고객은 다양한 성격과 행동 유형을 갖고 있다. 때로는 영업실무자는 자신이 이해하지 못하는 행동 혹은 예기치 않은 반응을 고객이 보여 줄 때 당황하거나 적절한 대응 방법을 찾는 데 어려움을 경험하였을 것이다. 평소에는 아무런 문제 또는 갈등을 야기하지 않던 말과 행동이 어떤 때는 고객에게 상처를 주기도 하고 갈등을 불러오기도 한다. 늘 환영하고 반갑게 맞이하던 고객이 오늘은 왠지 대화를 하려 하지 않는다. 대화를 시작하여도 영업실무자의 말에 즉각적이고 긍정적인 반응보다는 신중하게 생각하고 질문-어떻게 믿을 수 있는가? 근거가 있는가? 등-을 한다. 곧 구매의사 결정을 할 것이라고 예상한 고객이 추가적인 자료를 요구하거나 새로운 거래조건을 제안한다. 심지어는 거래를 약속하고는 나중에 주문을 취소하기도 한다.

이러한 고객의 행동과 말의 변화는 고객의 외부환경 변화(주변 상황, 예기치 않은 일의 발생 등)와 고객의 내면욕구에 의해 발생한다. 영업실무자 입장에서는 이러한 변덕스러운 상황에 적절히 대처하는 영업상담 스킬이 요구된다. 즉, 고객이 변덕을 보이는 원인을 이해하고 적절하게 대응하는 기술이 필요하다는 것이다. 대부분의 고객들은 자신의 변덕을 자연스러운 행동이고 당연한 것으로 생각한다. 하지만 영업실무자에게는 고객의 이러한 변덕이 극복해야 하는 또 하나의 과제가 된다. 어떠한 상황이든 고객의 말과 행동의 변화를 이해하고 고객을 움직일 방법을 찾아야 한다.

고객이 처한 상황의 변화도 고객의 개인성격의 유형에 영향을 미친다. 이 성격유형은 고객의 구매방법까지도 영향을 준다. 물론 외부적인 영향을 받지 않더라도 고객은 개인의 성격유형에 따라 영업실무자를 대하는 태도와 행동이 다르다. 고객의 성격유형에 따른 효과적인 상담을 위해서는 고객의 성격유형을 이해하고 적절히 활용하고 대응하는 능력을 갖추어야 한다. 여기서는 고객이 가진 성격과 행동의 유형에 대한 보다 전문적인 분석과 대응 방법에 대해 알아보도록 한다. 여기서 알아보는 성격유형은 많이 알려진 DISC로 본 성격유형이다.

이 DISC는 사람들이 다양한 행동의 경향성을 갖고 있으며 상황에 따라 이 유형에 맞는 행동과 반응을 보인다는 것으로, 1928년 미국 컬럼비아대학 심리학교수인 William Mouston Marston 박사가 독자적인 행동유형 모델을 만들어 설명한 것이다. Marston 박사에 의하면 인간은 환경을 어떻게 인식하고 또한 그 환경 속에서 자기 개인의 힘을 어떻게 인식하느냐에 따라 4가지 형태로 행동하게 된다고 한다. 이러한 인식을 축으로 한 인간의 행동을 Marston 박사는 각각 주도형(Dominance), 사교형(Influence), 안정형(Steadiness), 신중형(Conscientiousness), 즉 DISC 행동유형으로 부르고 있다.

이 4가지 유형의 특성을 파악해 고객의 행동을 분석하고, 고객에게 맞고 적절한 영향을 미치는 커뮤니케이션과 영업활동을 전개하는 능력을 갖추는 것이 제4장의 목적이다. 우선 성격유형을 진단하는 자료를 통해 고객의 성격유형을 진단하고 각 성격에 대한 이해와 대응 방법에 대해 알아보도록 한다.

2. 고객 성격유형 진단

다음의 진단지를 체크할 때 자신이 가장 잘 알고 있는 고객 1명을 선정하여야 한다. 그리고 각 4개의 표현된 단어 중 그 고객을 가장 잘 나타내는 단어를 시작으로 4점, 3점, 2점, 1점 순으로 점수를 주면 된다.

예) (3) 단호한 (4) 열정적인 (2) 충실한 (1) 신중한

1. ( ) 단호한 ( ) 열정적인 ( ) 충실한 ( ) 신중한
2. ( ) 자주적인 ( ) 사교적인 ( ) 순종적인 ( ) 주의 깊은
3. ( ) 적극적인 ( ) 호감 주는 ( ) 동의하는 ( ) 정확한
4. ( ) 직접적인 ( ) 낙천적인 ( ) 배려하는 ( ) 분석적인
5. ( ) 주장하는 ( ) 말 많은 ( ) 우유부단 ( ) 비판적인
6. ( ) 대담한 ( ) 친근한 ( ) 너그러운 ( ) 자제하는
7. ( ) 즉시적인 ( ) 자신 있는 ( ) 변함없는 ( ) 논리적인
8. ( ) 굳건한 ( ) 재미있는 ( ) 양보하는 ( ) 내성적

가( ) 나( ) 다( ) 라( )

각 항목의 점수를 합하라. 그 결과를 아래의 그림에 삽입하라.

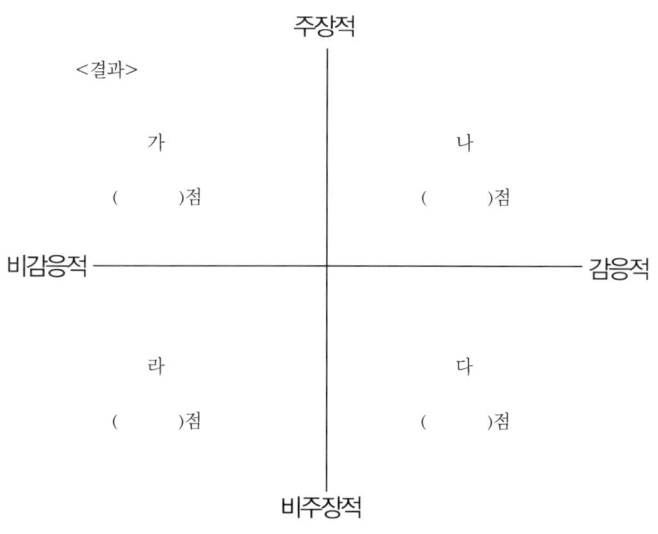

[그림 1-4] 고객의 성격유형 분류

(가) 항목은 주도형의 성격을 의미한다. (나) 항목은 사교형을 (다) 항목은 안정형을, 그리고 (라) 항목은 신중형의 성격을 의미한다. 각 항목 중 가장 많은 점수를 얻은 유형이 그 고객의 주요 성격유형이

된다. 기억할 것은 사람은 누구나 이 4가지의 성격유형을 모두 갖고 있다는 것이다. 개인의 심리상태와 처한 상황에 따라 이 4가지 유형 중 하나가 행동으로 나타난다. 극단적인 성격유형(4가지 항목 중 32점인 항목 혹은 8점인 항목)은 거의 없거나 드물다. 이 말은 고객이 보여주는 성격이 하나만이 있는 것이 아니라는 것을 의미한다. 혹 고객이 극단적으로 하나의 행동과 반응을 일관성있게 보인다면 오히려 대응하기가 쉬울 것이다. 대부분의 고객은 한가지 성격 외에도 다른 3가지의 성격을 갖고 있기 때문에 기회를 봐서 다른 3가지 성격을 자극해 한 가지 성격을 부드럽게 할 수도 있다. 따라서 각 유형이 갖는 특성에 대해 먼저 알아보도록 하자.

3. 고객 성격유형의 특성과 대응

주장적

가-주도형
- 힘과 권위가 제공되는 환경
- 위신, 도전이 있는 환경
- 개인적 성취가 가능한 환경
- 다양한 활동, 업무가 가능
- 직접적 답이 제공되는 환경
- 성장의 기회가 있는 환경
- 통제와 감독으로부터 자유
- 새롭고 다양한 활동이 있는

나-사교형
- 인기, 사회적 인정을 받을 수 있는
- 능력이 공개적으로 인정받는
- 의사표현이 자유로운
- 직무 외 그룹활동이 있는
- 민주적 관계가 가능한
- 통제, 지시로부터 자유로운
- 자유로운 의견개진이 가능한
- 상담, 조언이 가능한
- 우호적인 업무환경

비감응적 ———————————————— **감응적**

라-신중형
- 업무수행기준이 명확한
- 전문성을 입증할 수 있는
- 업무수행에 영향을 미치는 요인이 제공되는
- 원인에 질문을 요구하는
- 전문기술과 성취를 인정해 주는

다-안정형
- 현상유지(변화는 타당한 이유)
- 예측 가능한 일상적인 업무
- 성과에 대한 진실한 평가
- 그룹의 임원을 인정받는
- 일 때문에 가정이 피해가 없는
- 표준화된 절차가 있는
- 갈등이 적은

비주장적

주도형(Dominance)	사교형(influence)
1. 빠른 결과를 얻기 원한다. 2. 행동을 먼저 한다. 3. 도전을 받아들인다. 4. 결정을 빠르게 내린다. 5. 현 상태에 대해 의문을 제기한다. 6. 권위를 사용한다. 7. 곤란한 일들을 처리한다. 8. 문제를 적극 해결한다.	1. 사람들과 접촉을 선호한다. 2. 좋은 인상을 주고자 한다. 3. 의견을 명확하게 개진한다. 4. 동기부여 하는 메시지를 주고 분위기를 만든다. 5. 사람들의 열정을 일으킨다. 6. 사람들을 즐겁게 만든다. 7. 다른 사람들을 돕자고 한다. 8. 그룹에 참여한다.
1. 핵심지시와 기준에 주의를 기울인다. 2. 핵심 세부사항에 중점을 둔다. 3. 익숙한 상황에서 일한다. 4. 대인관계에서 능수능란하다. 5. 정확성을 추구해 자료를 요구한다. 6. 비판적 사고를 한다. 7. 권위에 순응한다. 신중형(Conscientiousness)	1. 널리 인정된 방식으로 업무를 수행한다. 2. 한자리에 오래 머문다. 3. 끈기를 보인다. 4. 전문기술을 발전시켜 나간다. 5. 업무 수행에 집중한다. 6. 충성심을 보인다. 7. 다른 사람의 말을 잘 듣는다. 8. 흥분한 사람을 가라앉힌다. 안정형(Steadiness)

[그림 1-5] 고객의 성격유형별 특성

　고객이 가진 성격유형은 위에서 알아본 것과 같이 4가지로 구분된다. 감응적이라는 것은 감정과 감성적으로 이해하면 된다. 고객은 이 4가지의 유형을 모두 갖고 있다는 것을 재차 강조한다. 고객이 처한 상황과 구매욕구 그리고 영업실무자를 만나는 목표에 따라 4가지 유형이 적절하게 나온다. 대부분의 경우에는 가장 높은 점수를 얻은 유형이 그 고객을 대표하는 성격이다. 하지만 영업실무자는 그 고객에게 나머지 3개의 유형도 있음을 인식하여야 한다.

　까다롭게 영업실무자를 괴롭히는 신중형('자료를 갖고 와라, 믿을 수 없다, 다른 근거는?' 등의 말로 영업실무자를 압박하는) 고객도 내면에는 사교적인 성격을 갖고 있다. 우선 이러한 고객이 요구하는 바를 고객이 만족할 수준으로 채워 주면 고객은 사교적인 태도와 행동을 보이기도 한다. 의사 결정을 느리게 하는 안정형의 고객도 가끔은 영업실무자의 예상을 벗어난 신속한 결정(주도형)을 하기도 한다. 따라서 영업실무자는 상황에 따라 덜 높은 점수의 성격유형을 자극해 고객에 대한 정보를 얻거나 구매의사 결정을 촉구할 수도 있다.

각 성격이 가진 특징들은 위의 그림에 잘 나타나 있다. 이제는 영업현상에서 활용하는 방법에 대해 알아보도록 한다. 유형별로 간단히 정리하였다.

1) 주도형 성격

주도형 성격을 가진 고객은 모든 상황과 상담을 자신이 원하는 대로 이끌어 가고자 한다. 이들은 주도권의 상실을 가장 두려워한다. 이 유형의 고객은 영업실무자에게 신속한 대응을 요구한다. 따라서 영업실무자는 고객의 요청에 신속한 정보와 자료를 제공하고 구매의 결정적인 이익 등을 명확하게 제안할 수 있어야 한다. 메시지를 전할 때는 결론부터 이야기하도록 하라. 이 유형의 고객과 상담할 때는 아래의 표를 참고하도록 하라.

〈표 1-3〉 주도형 성격과 영업실무자의 대응

상담 과정	주도형
1. 계획	환경에 대한 통제력
2. 만남의 시각	사교적 대화 줄임. 핵심을 말함. 결과의 관련시킴 예) 오늘 찾아뵙게 된 것은 고객님의~에 대한 주요 관심사항을 잠시 의논……
3. 인터뷰	결과 지향적으로 결과에 관련된 질문 사용. What 질문에 대비 예) 이번 거래에서 고객님께서 가장 우선적으로 생각하고 계신 것은 무엇입니까?

4. 제품 설명	능률성, 비용 효과, 이점 등을 강조 예) 우리 제품은 이 분야에서 가장 커다란 편리함을 가져다줄 수 있습니다.
5. 관심에 대한 반응	무뚝뚝함을 인정. 결과를 성취하는 데 도움을 주겠다는 것을 보여줌 예) 이 제품에 대하여 고객님이 느끼고 계신 최종 관심사는 무엇입니까?
6. 구매촉구	선택안을 제시. 스스로 결정하게 함, 바로 결론에 도달함 예) 고객님이 제시하는 옵션에는~ 있는 것 같습니다. 이 중에서 어떤 것이 지금 고객님께서 가장 적합하다고 생각하십니까?
7. 사후관리 서비스	약속한 내용에 대해 엄수(배송), 사후결과에 대하여 follow-up

(출처 - 인터넷. 수정)

2) 사교형 성격

이 유형의 고객은 언제나 영업실무자의 방문을 반긴다. 자신이 손수 커피를 준비하고 먼저 이야기를 꺼낸다. 사적인 대화를 즐긴다. 영업실무자의 사적인 일에도 관심이 많고 물어본다. 본격적인 상담에 들어가는 데 시간이 많이 소요된다. 따라서 이러한 고객과의 상담을 위해서는 충분한 시간을 준비하여야 한다. 이 유형의 고객은 사람들과의 관계를 매우 중요시한다. 늘 주변 이야기를 많이 하므로 대화가 핵심으로 들어가는 데 시간이 걸린다. 이 유형의 고객과 상담을 할 때는 경청기법이 무엇보다 필요하다. 말을 끊거나 끼어들기 혹은 고객의 이야기 소재와 다른 소재를 언급해서는 안 된다. 하지만 이러한 고객은 가끔 자신이 이야기하는 중간마다 자신의 니즈를 나타내는 표현들을 사용한다. 영업실무자는 경청을 통해 이 메시지를 파악할 수 있어야 한다. 고객에게 영향력이 있거나 고객과 관계를 갖는 다른 사람들 혹은 다른 고객들을(그들이 얻는 이익, 그들과 영업실무자와의 관계수준 등) 강조하면 상담의 효과가 좋아질 것이다.

〈표 1-4〉 사교형 성격과 영업실무자의 대응

상담 과정	사교형
1. 계획	상품/서비스가 어떻게 사람들에게 영향력과 인정을 높이는가?
2. 만남의 시각	친근하고 우호적, 고객의 감정/영감과 관련시킴 예) 고객님께서는 ……에 관해서 아주 강하게 느끼고 계신 것 같은데요…….
3. 인터뷰	열정적으로 동기를 유발하는 개방형 질문 사용. Who 질문에 대비
4. 제품 설명	어떻게 노력을 줄이며, 타인에게 얼마나 좋게 보이는가를 강조 예) 이 제품을 쓰시면 여러 가지 사소한 일 처리가 줄어들 것입니다…….
5. 관심에 대한 반응	고객의 느낌, 의문점을 공감해 줌. 다른 사람의 성공적 증언을 활용 예) 당연히 그렇게 느끼실 것입니다. 다른 사람들도 역시 그렇게 생각하고…….
6. 구매촉구	쾌활하게 접근, 행동을 촉구하는 아이디어 제공. 임시적 결론으로 간주 '~가 사용한다' 등의 준거 인물을 강조
7. 사후관리 서비스	고객의 개인적 수고, 복잡한 일을 덜어 줌 친근하고 개방적인 태도의 유지

(출처 - 인터넷. 수정)

3) 신중형 성격

이 유형은 업무가 우선이다. 따라서 상담을 전개할 때는 업무 혹은 본론으로 바로 들어가는 것이 좋다. 오픈 마인드를 위한 Small Talk(개인적인 이야기, 뉴스 등의 가벼운 주제로 대화를 시작하는 것)도 좋지만 이 유형은 그러한 이야기에 크게 관심이 없다. 영업실무자의 제안에 대해 근거와 사례를 요구할 가능성이 높다. 충분한 사례와 자료를 준비한 후 상담을 요청하라. 준비되지 않은 영업실무자, 실수를 하는 영업실무자에게 신뢰를 주지 않는 유형이다.

<표 1-5> 신중형 성격과 영업실무자의 대응

상담 과정	신중형
1. 계획	상품/서비스의 판매 기록. 논리성·정확성·구체성의 유지
2. 만남의 시각	부드럽게 사무적·기술적으로 용건을 말함. 전문성을 인정해 줌 예) 다음과 같은 상황에 대해서는 어떻게 생각하십니까?
3. 인터뷰	전문적으로 고객의 지식, 목표를 표현할 수 있는 질문 사용 Why 대비
4. 제품 설명	정확성·논리성·문제해결의 품질 등을 강조 예) 제가 고객님께 제시한 자료를 보면 이 제품은 가장 믿을 수 있으며, 또한 비용절감 효과도 가장 높습니다.
5. 관심에 대한 반응	고객의 집요한 질문에 응답함. 논리성을 강조. 증거제시 예) 저희의 경험에 의하면 …… 이러한 점은 고객님께서 생각하신 점과 어떤 차이가 있습니까?
6. 구매촉구	논리적 행동에 대한 요구 인정. 우선순위 명료화. 결정할 시간을 준 뒤에 직선적 결론 사용 예) 고객님께서 말씀하셨듯이 그러한 사실들은 결과로 나타날 것입니다. 이러한 상황에서 그 같은 요인들이 합리적 구매결정에 도움이 될 것입니다. (약간 쉰 다음에) 그러한 생각이 들지 않습니까?
7. 사후관리 서비스	구체적 신뢰감을 보임. 정기적으로 문서나 구두로 피드백 함

(출처 - 인터넷 수정)

4) 안정형 성격

이 유형은 극단적으로 변화를 싫어하는 유형이다. 그리고 불확실하고 불명확한 것을 아주 꺼린다. 이 유형의 고객과 상담할 때 영업실무자는 애매한 표현을 사용해서는 안 된다. 고객의 불안감만 키운다. 명확한 자료와 메시지를 전해야 한다. 고객의 구매의사 결정이 주는 불안감을 해소하는 데 집중하도록 하라. 즉, 고객이 느끼는 불안감을 이해하고 효과적인 해결책을 제안하도록 하라. 의사 결정을 지나치게 요구하지 말고 느긋하게 기다리는 것(막연하게 기다리는 것이 아니라 고객의 불안을 해소해 주면서)도 좋다. 만나자마자 곧바로 업무 혹은 본론으로 들어가지 마라. 고객이 마음을 열고 영업실무자와의 상담에 확신이 들도록 서서히 접근하도록 하라.

<표 1-6> 안정형 성격과 영업실무자의 대응

상담 과정	안전형
1. 계획	결과를 개선하기까지 안정감을 유지하기 위한 순차적 접근
2. 만남의 시각	친근하게 압박하지 않으며, 체계적으로 접근함 예) 요즘 일은 잘 진행되고 있습니까?
3. 인터뷰	진지하게, 과제와 관련된 관심을 보이는 질문 사용, How 질문에 대비 예) 만일 …… 이렇게 된다면. 일이 좀 더 안정되지 않겠습니까?
4. 제품 설명	어떻게 안정되고 조화로운 환경을 유지할 수 있게 되는지 강조 예) 이 제품을 사용하고 있는 고객들의 반응은 한결같습니다.
5. 관심에 대한 반응	고객의 느낌 수용, 지속적인 지원 제공, 진정한 관심이 무엇인가 탐색 예) 고객님이 느끼시는 점을 충분히 이해할 수 있습니다. 만일 제가 그 입장이라 해도 그렇게 느꼈을 것입니다. 그렇지만 좀 더 현실적으로 살펴본다면…….
6. 구매촉구	체계적인 행동방안을 제시하여 의사결정을 도움 예) 고객님께서도 이런 점에 대하여 같은 생각을 하시지 않습니까? 그렇다면 비용절감을 위하여서도 고객님께서는 바로 지금~을 하셔야만…….
7. 사후관리 서비스	고객의 안정감을 높이기 위해 개인적 관심, 유용성을 보이고 지속적인 Follow-up을 함

(출처 - 인터넷, 수정)

5) 정리 및 성격유형이 주는 메시지

고객의 성격이 다양하듯이 영업실무자 또한 위의 4가지 성격을 갖고 있다. 따라서 고객이든 영업실무자이든 아주 개성이 강한(하나의 유형이 두드러지게 강한) 성격의 소유자가 아니라면 큰 대립 혹은 갈등 없이 비즈니스를 할 수 있고, 인간적인 관계를 유지할 수 있다. 이 말은 어떤 유형의 고객이든 영업실무자가 조금의 노력(고객을 이해하는)을 하면 얼마든지 유연하게 대응할 수 있다는 것이다.

그리고 고객의 변덕에 신경을 크게 쓸 필요는 없다. 고객의 민감한 반응과 변화에 두려움(상담의 실패 등)을 갖거나 스트레스를 받을 필요도 없다. 당연한 것으로 받아들이고 고객을 이해하고 유연하게 대응하도록 하라. 동일한 상황과 외부의 자극 그리고 메시지를 서로 다르게 받아들이고 해석하는 것도 이러한 성격 차이 때문이다. 고객의 상황과 환경이 고객을 변덕스럽게 만들 수도 있다. 유능한 영업실무자가 되려면 항상 그 원인을 파악하고 적절하게 대응하면 된다.

만일 고객이 이제까지의 상담 틀 혹은 흐름을 바꾸려 한다면 그것이 고객의 성격 때문인지 아니면 고객 내부 상황의 변화 때문인지를 먼저 파악하는 데 집중하라. "왜 그러한 변화가 일어났는지? 어떤 이유로 그러한 수정을 요구하는지?" 등의 질문(언어적 경청)을 활용하면 좋을 것이다.

아래 표를 보면 각 유형에 대한 종합정리의 정보가 있다. 잘 읽고 영업상황과 고객유형에 활용하도록 하라.

〈표 1 - 7〉 4가지 유형과 영업대응-정리

특성	주도형	사교형	안정형	신중형
이 고객이 원하는 것은	결과, 통제	다른 사람과 관계 가짐 인정받음	안전 안정	정확함, 질서
이 고객이 싫어하는 것은	통제력의 상실 남에게 이용당함	거부당함 인정받지 못함	갑작스러운 변화 안정 상실	일 수행결과의 비판기준/원칙이 부족
이 고객과 의사소통 방법은	직선적, 지식적 강한 결단력 있는	열정적 자기를 내세움 사교성이 있는	인내심 있는 예측 가능한 협조적인	정확한 양심적인 통제하는
의사결정을 위해 필요한 정보는	제품/서비스가 고객에게 무엇을 해 줄 수 있나?	누가 제품/서비스를 사용하나? 그들은 뭐라고 말하나?	제품/서비스가 어떻게 안정성을 도와주나?	왜 그것이 이익이 되는가?
이 고객에게 제품을 판매하고 서비스를 제공하는 방법은?	납기 서비스 결과의 한계점 강조함	업무에서 성과를 올리고 인정을 받을 수 있음	제공되는 지원책을 강조함	제품/서비스 품질 증거, 근거자료, 실적을 강조함

(출처 - 인터넷, 수정)

(1) 고객의 성격유형이 주는 시사점은

· 고객은 서로 다른 4가지의 성격유형을 모두 가지고 있다.

· 고객은 각자 다른 방식으로 상황과 타인을 인식한다.

· 고객과의 차이는 단지 나와 다를 뿐이다. 이 차이가 고객과의 관계구축에 문제가 되지는 않는다.

· 고객에 대한 인식은 객관적이어야 하며, 자신과 타인의 행동패턴의 차이에 두려움을 가질 필요는 없다. 그냥 인정하고 이해하면 된다.

· 고객들은 영업실무자와의 관계에서 어떤 행동에는 편안하게 느끼고, 어떤 행동에는 불편함을 느낀다.

· 인간관계에서의 불편함은 긴장을 야기해 비즈니스에까지 영향을 준다.

(2) 고객의 성격은

· 욕구의 내용과 표현방법

· 심리상태

· 상황과 목표 그리고 의사결정 방식

· 대화방식

· 인간관계형성 방식

· 업무처리(거래, 구매) 방식에 영향을 준다.

(3) 고객은 4가지 유형을 모두 갖고 있다. 물론 영업실무자도 4가지 성격유형을 모두 갖고 있다. 따라서 서로가 가진 성격상의 차이를 이해하려는 준비만 된다면 얼마든지 유연하게 대응할 수 있다.

4. 영업실무자가 만나는 고객의 일반적인 거래(구매) 유형과 대응

사람의 거래유형은 10인 10색이다. 이 말은 모든 사람은 자기만의 독특한 거래유형이 있다는 것이다. 이 거래유형은 그 사람의 의사결정 스타일을 만든다. 영업실무자와의 관계 형성의 기초가 된다. 일반적으로 사람들의 거래유형을 영업실무자의 입장에서 살펴보면 다음과 같다. 각 스타일에 대한 대응 방법도 정리되어 있다. 반복되는 거래를 하는 고객이라면 더더욱 이러한 거래유형을 고객과의 상담에 적극 활용할 수 있어야 할 것이다.

1) 성급한 고객

· 이런 고객은 자신의 관심사만 질문하고 영업실무자의 말은 무시하며 성급하게 결과를 요구한다. 고객의 요구에 신속하게 행동하고 상품 설명과 제안도 '핵심만 강조하라.' 주변이야기로 시간을 끌지 마라. 고객의 성급한 요청에 신속하게 대응을 하라. 고객의 성급함을 역이용할 수 있다면 더 좋다. 고객의 신속한 결정 요구에 적절한 대가를 요청하면서 상담을 전개하라.

2) 느긋한 고객

· 설득하기 어려운 상대이다. 충분한 시간을 갖고 대응하라. 고객의 관심이 머무는 제품과 편리함, 욕구에 대해 '약간 강하게 권고하

라.' 희소성의 법칙(오늘이 마지막이다, 한정판매이다, 오늘 구매를 하면~한 혜택이 있다 등)을 활용하라. 영업실무자가 이것저것 상품을 제안하면 고객은 오히려 불안해할 수 있다. 고객 스스로 상품을 선택하도록 기다려라.

3) 말이 없는 고객

- 고객의 동작과 표정을 유의 주시하라. 그래서 고객의 요구사항과 관심사를 파악하라. 고객의 보디랭귀지에 민감하라. 고객이 직접 경험하도록 하라.
- 고객이 질문할 때는 관심이 있다는 것이므로 쉽게 '구체적으로 설명하라.' 그리고 고객을 밀어붙이거나 지루한 설명으로 '너무 귀찮게 한다'라는 이미지를 주지 않도록 하라. 스스로 선택하도록 정보를 제공하고 기다려라.

4) 말이 많은 고객

- 이러한 고객은 인간관계를 중시하고 사교적인 성격을 가진 경우가 많다. 따라서 말을 중단시키지 말고 계속 들도록 하라. 고객의 말을 인정하고 때로는 함께 대화함을 즐긴다는 것을 고객이 알도록 하라. 이러한 고객은 자신의 요구사항 또는 관심사를 대화 중간에 흘린다. 영업실무자는 이 메시지를 경청을 통해 '재치있게 기회를 잡아야 한다.' 이러한 고객과 대화를 할 때는 고객의 말을 가로막거나 시간이 없다는 이유로 고객과 상담을 중간에

중단하면 고객의 마음을 얻을 수 없다. 따라서 이러한 고객과 상담할 때는 다양한 이야기의 소재와 시간을 충분히 확보해 만나는 것이 좋다. 그리고 사례에 나오는 고객과 지금 상담 중인 고객과의 관계(같은 라이프스타일, 소비 수준, 같은 고객군에 포함된다는 등)를 강조하거나 준거 인물을 언급하면서 결정을 촉구하라.

5) 결단성이 없는 고객(우유부단한 고객)

· 고객이 쉽게 결정을 내리지 못하는 것은 확신이 부족하거나 자신의 입장에서는 큰 비용 또는 지출이 있기 때문이다. 결정을 미루는 이유가 신중한 검토를 위한 것인지, 결정의 결과를 우려하거나 두려워하는 것인지를 파악할 수 있어야 한다. 신중한 검토가 이유인 고객에게는 장단점을 '구체적으로 알려 주라'(사용결과 통계자료, 전문가 증언, 실제 사례 등). 또 결정의 결과를 두려워하는 고객일 경우에는 다양한 사례를 언급하거나 직접 체험할 기회를 주거나, 다른 고객의 반응과 사용 후의 결과 등을 논리적이고 구체적으로 제안하도록 하라.

6) 잘난 체하는 고객(자신이 잘 알고 있고 전문가임을 강조하는 고객)

· 고객의 말을 듣고 인정을 해 주라. 고객과 논쟁을 하거나 고객의 잘못 또는 실수를 강조해 고객을 이기려 하거나 궁지로 몰아서는 안 된다. 절대로 영업에서 성공할 수 없을 것이다. 보통의 고

객보다 3배 이상 말씨와 태도를 정중히 경청하고 고객의 전문성을 인정하라. 필요하다면 조언도 구하라. 그러면 고객의 마음을 얻을 수 있을 것이다. 자존심을 건드리지 않는 한도 내에서 '아첨도 필요하다.' 지나친 아첨은 오히려 상대의 마음을 닫게 한다. 이러한 고객은 스스로 결정하기를 바란다. 즉, 누군가의 말에 자신이 설득을 당했다는 느낌을 싫어한다는 의미이다. 그들이 결정하도록 자료와 데이터를 제공하고 판단을 기다려라. 때로는 고객의 전문성을 자극해 빨리 결정하도록 할 수도 있다.

7) 의심이 많은 고객

· 고객이 계속 묻는다.~이것은 무엇인가? 진짜로~한 편리함이 있는가? 서비스를 제대로 받을 수 있는가? 고장이 나면 어떻게 하나? 등등의 질문을 끊임없이 쏟아낸다. 이때 영업실무자는 고객이 걱정하고 우려하며 가진 의문점을 모두 파악해 하나씩 '자신 있게 설명하여야 한다.' 때로는 유명인이나 선도기업도 사용한다는 등의 메시지(후광을 사용하라)를 통해 고객의 의심을 풀어 주어야 한다. "그런 걱정은 하지 마라", "다 해결된다" 등의 애매한 표현으로 고객을 불안하게 만들어서는 안 된다.

8) 내성적인 고객(자신의 의사표현을 잘 하지 않는다. 때로는 우유부단하게 보일 수도 있다)

· 이러한 고객과는 조용한 상태로 느긋하게 하고 필요 이상의 마

음을 쓰지 말라. 지나친 관심은 오히려 부작용을 불러올 수 있다. 사례를 들어 권고하라. 그들의 자존심을 상하게 하지 마라. 그들이 결정할 때까지 느긋하게 기다려 주는 것이 좋다. 충분히 검토를 하도록 시간과 자료를 제공하라.

9) 변덕스러운 고객(결정을 쉽게 바꾸고 요구사항도 많다)

· 고객이 인정하고 동의한 부분을 잘 정리해 강조하라. 고객이 변덕을 부리면 그 논리적인 모순과 변덕의 내용을 일단 정리하라. 그리고 기회를 봐서 고객의 말을 반박하거나 무리한 요구를 한다는 것을 인식시켜라. 고객이 어느 정도 설득을 당하거나 동의하는 반응을 보이면 재빨리 상품의 가치를 설명해 결론을 빨리 내리도록 유도하라. 이를 위해 다양한 의사결정 기법이 요구된다. 이 의사결정 기법에 대해서는 뒤에서 알아볼 것이다.

10) 흥분을 잘하는 고객

· 고객의 말을 끝까지 듣도록 하라. 동의도 하지 말고 경청하라. 중간에 가로막지 말고 메모하고 질문하라. 하고 싶은 말을 모두 하도록 하라. 감정도 모두 표현하도록 하라. 항상 편안한 표정으로 대하라. 감정적인 대응으로 고객이 틀렸거나 무리한 요구를 한다고 하지 마라. 고객을 설득하려고 하지도 마라. 고객의 말을 다 듣고 원하는 것을 질문하라. 영업실무자로서 할 수 있는 몇 가지 대안을 제시하라. 흥분의 원인을 찾으라. 흥분은 고객의 구

매전술일 수도 있다.

11) 만나 주지 않는 고객

(1) 영업실무자를 만나지 않는 것은 고객에게 도움이 될 수 있는 기회를 포기하는 것이라는 마음으로 접근하라.

(2) 고객은 어떤 영업실무자를 만나고자 할까?

고객의 선택을 도와주는 영업실무자(자신을 위해 최선의 선택이 되도록 하라)를 고객은 원한다.

(3) 집요한 영업실무자의 만남 요구를 싫어한다.
· 집요 · 집착하지 마라. 때로는 여유를 갖고 기다려라.

(4) 영업실무자가 한두 번의 시도를 하고 포기한다.
· 적절한 방법으로 접근하되 포기하지 마라. 고객은 2~3번은 반드시 거절을 한다.

(5) 전략
· 고객이 반드시 만나야 되는 이유, 가치를 개발, 전하라.
  - 거부: 경쟁사의 제품을 이미 사용하고 있거나 영업실무자가 제안한 상품의 가치를 잘 모를 수 있음
· 편지를 보내라.
  - 도구 개발, 이메일 등 카드, 행사, 이벤트, 교육 등

- 개인적인 정보로 접근하라.
  - 정보, 자료 제공 등
- 고객이 한가한 시간에 전화를 하라.
  - 고객의 시간특성 분석
- 영업과 관련이 없는 접촉을 하라.
  - 모임 등
- 고객에게 궁극적인 이익, 가치를 강조, 제공하라.
- 고객이 활동중인 네트워크에 가입한다.
- 영업이 아니라 문제 해결, 고민 해결, 욕구 충족의 전문가로 접근하고 능력을 보여 주라.
- 고객이 영업실무자와 보내는 시간을 생산적인 시간으로 되게 하라.
- 독특한 방법을 개발하라.
  - 차별화된 방법으로 접근
- 조용히 분석하라.
  - 지금이 전화하기 적당한 시간일까?
  - 고객이 내가 전하는 가치를 원할까?
  - 어떻게 말을 시작할까?
  - 어떤 표현을 쓸까?
- 잠시 연락을 끊어라.
- 찾아가는 것에 부담을 갖지 않도록 하라.
  - 일부러 시간을 내서 찾아간 것이 아니라 근처에 왔다가 들른 것처럼 함
- 개인적인 선물을 하라.
- 고객을 연구하라.

(6) 마무리 - 약속잡기

· 구체적으로 묻기

· 이점을 강조

· 상담의 시간 - 소요시간

· 다음을 준비: 다음 미팅

12) 거짓말을 하는 고객

(1) 약속을 지키지 않음

"검토를 하겠다", "다음 주면 결정을 할 수 있겠다" 등등의 말로 약속을 한다. 하지만 막상 다음에 찾아가면 "시간이 없어서……", "돈이 없어서……" 등의 이유로 거절을 한다.

이럴 때는 쉬운 질문으로 고객의 심리를 파악하라.

"그럼 내일 전화를 드리면 검토 결과를……?", "그럼 저희 쪽에서~한 것을 준비해도……?" 등의 질문으로 계약단계를 제안하고 고객의 심리를 파악한다.

(2) 고객이 거짓말하는 상황

－ 고객의 상황이 바뀌었거나 변화되었다.

－ 상담시간이 짧다. 그래서 아직 확신이 부족하다.

－ 성격이다.

· 거짓말하는 고객에게 해서는 안 되는 행동

－ 고객에게 거짓말쟁이라고 다그친다.

· 그가 당신에게 거짓을 말한 이유? 당신과의 관계 등을 생각하라.

– 고객을 수세로 몰지 마라.

(3) 전략

· 고객이 진실을 말하도록 고객에게 중요한 사람이 되라.

· 고객을 용서하라.

· 의혹을 제거하라.

  – 해명을 요구: "왜 그러한 결정을 하였는가?", "의사소통의 문제가
있다. 이 문제를 해결하고 싶다", "어떤 상황이었는가?"

  – 당신의 곤혹함을 이야기: "저는 그것을 상사에게 보고를……
어떻게……?", "그렇게 알고 모든 것을 준비…… 준비하는 데
시간이 많이……"

  – 서로의 관계에 호소: "저는 우리 관계가 굉장히……"

· 기록하라.

  – 마감하기 전에 이메일, 문자로 확인하라. "금요일까지~을 검
토하기로 하였다" 등 고객이 한 약속

(4) 종결

· 재발을 방지하라.

  – 재발을 방지하려면 "무엇을 하여야 하는가?"를 생각해야 한다.

· 전화로 미리 알려 줄 것을 요청하라.

  – "만일 계약이 어려우면 미리 전화로 알려줄 수 있는가?"를 정
중히 묻는다.

· 대등한 관계를 유지하라.

13) 주문을 취소하는 고객

(1) 거래취소 원인 - 영업실무자

- 주문을 받은 후 영업실무자가 로맨스의 관계를 끊는다. 연락도 안 되고 아무 소식도 없고 고객에 대한 관심을 끊는다.
- 고객이 계약을 하였으므로 다 되었다는 안일하고 무책임한 영업 실무자의 행동에 대한 고객의 반란
- 경쟁사의 공격을 등한시하거나 무시한다.
- 판매한 상품과 서비스의 가치와 추가적인 가치를 지속적으로 알려 주지 않는다.

(2) 전략

- 로맨스를 유지하라.
  - 로맨스 끊으려는 고객의 신호
- 고객으로부터 상세한 설명을 들을 수 없고 정보가 차단된다.
- 전화통화가 점점 힘들어지고 목소리가 바뀐다.
- 걱정 말라고 한다.
- 고객이 방문하거나 영업실무자를 찾는 행동을 하지 않는다.
  - 로맨스 유지, 구애방법
- 최고로 좋은 상황(고객이 물건을 받고 이익을 볼 때, 고객이 선택의 가치를 느낄 때 등)일 때 미묘한 문제를 해결하라.
- 개인적인 호의를 베풀어라.
- 고객을 만나되 판매를 하지 않는다. 기존 거래의 이익, 문제 해결, 추가이익을 제시-사용법, 고객이 모르는 기능 알려 주기 등

- 지속적인 판매활동을 하라.
- 경쟁사를 주의 깊게 관찰하라.
  - 고객을 공격하는지, 하면 어떤 무기로 하는지 등
  - 고객의 반응을 확인
- 방어적 영업을 하라.
  - 기존고객을 방어하는 영업
- 항상 감사를 표하라.

(3) 마무리
- 관계를 강화해 지속적인 판매를 하라.
- 구두 약속을 받아내라.
- 사후관리를 철저히 하라.
- 추가 가치를 알려 주라.

14) 경쟁사 제품을 선호하는 고객

영업실무자의 말을 듣고 있던 고객이 "시간 낭비만 하는 것입니다. 제가 왜 바꿉니까? 저는 ○○제품을 더 선호합니다"라고 말한다. 고객의 이런 반응에 고객이 선택한 제품을 깎아 내리면 그의 판단력과 비즈니스 능력을 비평하는 것이 된다.

(1) 경쟁사 제품의 약점과 거래의 비용, 불이익을 알려 주는 역할
- 고객이 이러한 것을 묻는다면 절호의 찬스이다.

(2) 위험

고객을 수세로 몰아넣지 마라.

고객의 구매결정을 비판하거나 그 과정이 잘못되었다는 것을 강조하지 마라. 고객을 스스로 무능하게 보도록 해서는 안 된다.

· 변명을 강하게 만들고 당신을 싫어하게 만든다.

· 고객을 더욱 감정적으로 만든다.

· 당신의 말에 귀를 기울이지 않게 만든다.

· 왜 그 제품을 구매하였는지 알기 전에 판매하려 하지 마라.

(3) 전략

· 비교 설명을 하라.

 − 무엇을 비교할 것인가?

 − 경쟁우위 요소는?

 · 기능, 성능, 특성, 편리함의 정도, 서비스 시스템, 거래조건 등

 − 무엇을 기대하고 구매하였고 그 기대는 채워졌는지?

 − 그 기대가 채워지지 않았다면 왜? 어떤 것이 보완, 바뀌어야 하는가?

 − 다시 구매한다면 무엇을 검토하고 확인할 것인가? 그 제품을 재구매할 것인가?

· 이론적인 면에서 공격하라.

 − 비즈니스 전문가로서 고객을 설득하라.

 − 고객과 관련된 정보, 지식을 쌓고 고객을 놀라게 하고 감동을 주고 고객에게 가치 있는 지식을 줄 수 있어야 한다.

 − 편리함, 욕구 충족과 이익을 논리적으로 설명하라.

- 차별화된 가치를 개발, 제공하라.
  - 제품의 가치, 서비스 가치 등등, 어떻게 다르고 그 효과가 무엇인지 설명하라.
- 고객이 제품과 서비스에 흥미를 갖도록 하라.
  - 경험, 체험을 하도록 하라.
  - 영업실무자 스스로 열광하여야 한다.
- 대결을 택한다. 경쟁 프레젠테이션을 요청하라.
- 예산을 확보하도록 하라.
  - 문제 해결과 이익을 제시해 작은 부분이라도 구매할 수 있는 방법을 제안하라(분할구매).

(4) 마무리
- 고객에게 출구(잘못된 구매결정의 번복)를 만들어 주라.
- 편리함과 이익, 추가가치를 제안하라.
- 경쟁구매의 이점을 강조하라.
- 구매비용 절감을 강조하라.
- 필요하다면 고객에게 구매결정기준을 알려주라.
- 예기치 않은 상황 발생 시 대안의 준비 강조하라.

영업실무자가 만나 상담하는 고객은 위의 거래유형 중 어느 한 유형만 갖고 있지 않다. 고객이 한 가지 거래유형만을 갖고 있다면 쉽게 상담을 준비하고 고객의 반응에 효과적으로 대응할 수 있을 것이다. 하지만 대부분의 고객들은 위의 14가지 거래유형 모두를 갖고 있다. 상황에 따라, 개인적인 컨디션과 욕구에 따라, 업무의 중요도에 따라, 현재의 위치와 장래 목표에 따라 다양한 반응을 보인다.

또한 위의 성격스타일과 거래유형이 고객에게만 있는 것이 아니다. 영업실무자도 위의 거래유형을 갖고 있다. 따라서 자신의 유형과 일치하거나 조화가 잘 되는 고객과는 상담이 부드럽고 원만하게 진행되지만, 자신의 유형과 반대되는 경우에는 뭔가 어색하고 불편한 상담이 되기도 한다. 이런 느낌은 고객과 많은 상담을 해 본 경험이 있는 영업실무자라면 충분히 경험하였고 이해할 것이다. 그리고 경험 있는 영업실무자는 각자의 경험에 의해, 개인적인 감각과 느낌에 의해 이러한 다양한 상황에 잘 적응을 해왔고 나름대로의 각 유형에 대한 대응 노하우가 쌓여 있을 것이다.

고객의 스타일과 유형을 이해한다는 것은 고객과 보다 원만하고 부드러운 영업 상담을 전개하는 데 도움이 될 것이다.

1. 고객은 나름의 성격유형을 갖고 있다.

2. 모든 고객은 자신의 상황과 입장, 상품에 대한 필요 정도, 구매의 중요도에 따라 다양한 성격 유형이 행동이나 말에서 나타난다.

3. 영업실무자는 고객의 성격유형에 맞는 영업활동, 영업메시지를 준비하고 제안할 수 있어야 한다.

4. 고객은 성격유형과 마찬가지로 거래유형 또한 다양하다.

5. 고객이 다양한 거래유형을 갖는 것은 자신의 구매목표를 달성하기 위해서이다.

6. 영업실무자는 고객의 다양한 거래유형에 유연하고 효과적으로 대응할 수 있어야 한다.

7. 고객의 어떤 거래유형이든 모든 거래유형에는 나름의 한계가 있다.

8. 고객이 까다로운 거래유형을 보일수록 상품에 대한 요구가 강한 것을 반증하는 것이다.

9. 고객에 따라서는 제품과 서비스를 결정하는 기준을 알려주라. 이를 통해 고객의 구매비용을 절감할 수 있다면 고객의 마음을 얻을 수 있다.

Part 2

상황에 효과적으로 대응하라

제1장
고객의 구매전략에 대응하라

영업실무자는 항상 안정적이고 예측 가능한 영업환경에서 일하지 않는다. 특히 영업실무자와 상담하는 고객은 자신만의 상품과 서비스를 선택하고 구매 결정을 하는 스타일이 있다. 이 유형에는 영업실무자를 편하게 하는 것도 있지만, 대부분은 영업실무자의 지혜로운 대응이 요구되는 상황으로 전개된다. 마치 금방이라도 구매 결정을 할 듯 영업실무자와 상담을 하다 결국은 자신에게는 결정권이 없다고 하는 고객이 있는가 하면, 사사건건 불평을 하는 고객, 자신의 지식을 자랑하는 고객 등 그 유형은 매우 다양하다. 제1장에서는 그러한 고객과 어떻게 상담을 전개할 것인가에 대한 스킬과 방법을 알아보고자 한다. 여기에서 제시되는 방법을 기초로 자신의 영업환경과 고객들의 반응에 활용할 수 있는 유용한 방법을 추가로 개발하기 바란다.

1. 결정권이 없는 고객

고객은 마치 당장이라도 구매를 할 듯이 영업실무자에게 설명을 요구한다. 영업실무자는 계약의 가능성에 흥분해서 열심히 상품과 서비스의 가치와 특성들을 설명한다. 추가적인 서비스도 제공해 주겠다고 한다. 고객도 흥미를 갖고 적극적으로 상담에 임한다. 어느 정도 고객이 납득되었다고 판단한 영업실무자가 고객에게 구매 결정을 촉구하자 고객은 시원한 답을 하지 않은 채 한걸음 물러서면서 망설인다. 그러면서 누군가에게 물어봐야 한다고 하면서 서둘러 상담을 마무리하려 한다. 영업실무자는 당황해 고객께서 결정하는 것 아니냐 혹은 결정하고 온 것이 아니냐고 묻자 그렇지 않다고 한다. 그럼 누가 결정하는지를 묻자 그건 중요하지 않다고 하면서 자리를 뜬다.

때로는 고객은 자신에게 결정권이 있냐고 물으면 "그렇다"고 답한다. 고객은 자신에게 결정권이 없다는 것을 영업실무자가 알기를 원하지 않는다. 대부분의 영업실무자는 자신이 상담하는 고객이 결정권을 갖고 있다고 단정을 짓는 경향이 있다. 그래서 서둘러 거래를 성사시키고자 가격을 깎아 주거나 과도한 약속을 하는 등의 양보를 한다. 고객이 결정을 하지 않으면 매출의 기회가 사라지거나, 다음의 상담에서 더 많은 것을 양보해야 하는 상황으로 전개된다. 따라서 고객의 결정권을 확인하기 전에는 고객의 상황을 단정 짓지 마라. 설령 고객이 구매할 것이라고 확신이 들어도 고객이 요구하기 전까지는 가격을 깎아 주거나 표준판매조건에는 없는 서비스 등의 약속을 하지 마라.

고객은 누군가를 대신해, 혹은 정보 수집을 위해 상담에 임할 수도 있다. 가족을 대신해서든, 친구를 대신해서든 늘 이 가능성을 열어 두고 고객에게 결정권이 있는지를 확인하기 바란다. 결정권을 확인하는 방법은 아래와 같다.

(1) 고객이 가진 결정권의 수준을 오픈하도록 유도하라. 그리고 결정권이 없다면 그를 창구로 이용하는 결정권을 가진 고객을 공략할 준비를 하라. 다음의 방법으로 확인하라.

① 주문을 요청한다.

② 이제까지 어떻게 구매를 하였는지, 어떤 조건이 중요한지 등을 물어보라.

③ 돈은 준비되었는지 확인하라.

④ 어떻게 결제하려 하는지를 결제방법을 물어라.

⑤ 상담하면서 영업실무자가 느낀 직관을 믿어라.

⑥ 영업실무자의 제안내용을 누구와 상의를 해야 하는지 물어라. 상담 내용을 정리한 자료를 제공해야 하는지를 물어라.

(2) 상품과 서비스의 가치를 극대화하기 위해 사용법 등을 가르쳐줄 시간약속을 위한 제안을 하라.

(3) 상품 혹은 서비스의 어떤 기능을 가장 중요하게 여기는지, 어떤 용도로 사용할 것인지를 물어라.

(4) 더 알고 싶은 것이 있는지 물어라. 그래서 결정권이 없다는 것이 확인되면 결정권을 가진 고객을 만날 수 있는지 확인하라. 이를 위해 특별한 조치(샘플 사용, 시연 등)를 개발하라.

(5) 절대로 상담 중인 고객의 권한이 없다고 무시해서는 안 된다. 좋은 인간관계를 구축하는 데 우선순위를 두고 고객이 영업실무자를 돕도록 하라.

(6) 결정권을 가진 사람이 궁금해하는 것이 무엇인지를 물어라. 상담자에게 결정권을 가진 사람으로부터 인정받을 수 있는 정보를 제공하겠다고 하면서 결정권자의 니즈를 파악하라. 상담 중인 고객을 도와주도록 하라.

(7) 결정권자가 좋아할 만한 정보가 있다고 하면서 직접 만날 수 있는지 확인하라.

2. 우호적이지만 정작 구매는 하지 않는 고객

온종일 고객과 상담에 지쳤다. 원하는 성과도 올리지 못하였다. 그때 고객이 방문한 영업실무자를 반긴다. 차도 준비해 주고 좋은 제품을 알려 줘서 고맙다고까지 하면서 이것저것 물어본다. 영업실무자는 곧 계약을 받을 것이라는 기대로 피곤을 모르고 설명한다. 이제 고객의 구매 결정을 확인할 단계라고 판단한 영업실무자는 고객의 구매의사를 묻자 고객은 "이미 다른 데서 구매를 했습니다. 이렇게 오셨으니까 제가 궁금한 것이 있어서……" 하면서 계속 다른 것(사용방법 등)을 묻는다.

얼마나 황당하고 영업실무자의 힘을 빼놓는 일인가? 왜 영업실무자는 이러한 헛수고를 하는 함정에 빠질까? 가장 큰 이유는 영업실무자의 로망에만 빠져 있기 때문이다.

대부분의 영업실무자는 고객과의 상담이 물 흐르듯이 진행되고 분위기가 좋으면 곧 계약으로 이어질 것으로 판단한다. 고객은 구매 여부와는 상관없이 영업실무자를 제품과 서빅스에 대한 조언자로 생각한다. 영업실무자의 방문에 부담을 느끼지 않고, 아무런 저항도 없고 이의도 제기하지 않으면서 자신이 필요로 하는 정보를 묻는다.

영업실무자는 고객이 저항 없이 자신의 방문을 허락하거나 이야기가 너무 쉽게 풀리면 한 번쯤은 의심해 보아야 한다. 고객이 구매의사가 있는지, 아니면 이미 구매하였는지에 대해서…… 고객이 지나치게 우호적이고 인간적으로 다가오면 이 또한 한 번쯤은 의심을 갖고 확인하기 바란다. 물론 우호적인 고객과의 대화가 잘 이뤄져 인간관계가 돈독해진다면 그 고객으로부터 추가구매나 추천 등의 영업기회를 확보할 수도 있다. 이런 고객을 만났다면 일단 그 상담에 최선을 다하도록 하라. 고객이 당장 구매의사가 없다고 고객과의 상담을 건성으로 해서는 안 된다. 고객의 마음이 열릴 때까지 기다려라. 그리고 바람개비를 돌리는 바람이 불지 않으면 달려서라도 바람개비를 돌려야 한다. 고객의 구매욕구인 니즈를 다양한 방법으로 자극을 하면서 인내해야 한다. 이때 활용해야 하는 기술이 질문기술과 언어적인 경청을 하는 것이다.

따라서 이러한 고객을 만났을 때는 아래와 같이 하면 효과적이다.

(1) 고객의 호감을 비즈니스 기회로 전환하라

① 거래와 관련된 질문을 하라.

가. ~한 제품을 알고 있는가?

나. 구매계획이 있는지? 있다면 왜 구매를 하려 하는지?

다. 처음 구매하는 것인가? 구매를 한 적이 있는가?

라. 구매하는 데 있어 중요한 조건 혹은 고려하는 사항은 있는지?

② 대화를 전환하라

　가. 자, 그럼 대화주제를 바꿔서~한 사실을 알고 있는지?

　나. 제가 방문 드린 것은……?

(2) 추가가치를 제안하라

① 싸게 구매할 수 있는 몇 가지 방법을 알려 주라.

② 특별 이벤트, 판촉을 알려라.

③ 고객이 구매하였다고 하면 이렇게 하라.

　• 추가가치를 알고 있는지 물어라.

　• 사용하는 데 불편함을 도와주겠다고 하면서 진의를 파악하라.
　도움을 줄 때는 제대로 도움을 주도록 하라.

(3) 고객을 내 편으로 만들어라

① 고객에게 구매한 제품에 대한 불안감을 제거해 주겠다고 하라.

② 고객에게 유용한 정보를 제공해 주라.

(4) 고객이 우호적으로 한 약속에 말뚝을 박아라

① 주문을 요청하라.

② 언제까지 결정할 것인지를 물어라.

③ 계약을 위한 다음 단계를 제안하라.

④ 즉시 추천을 받도록 하라. 그 사람에게 당장 자신을 소개해 달
　라고 하라.

(5) 고객이 거절할 때는 아래와 같이 하라

① 큰 충격을 받은 것처럼 행동해 우호적인 고객의 감정을 자극하라. 고객에게 미안한 감정이 들도록 하라.

② 다시 만날 기회를 제안하라.

③ 왜 그렇게 판단하였는지를 물어라.

3. 불평·불만을 이야기하는 고객

고객은 영업실무자의 제안에 대해, 상품과 서비스에 대해, 조직에 대해 이러저러한 이유로 불평 혹은 불만을 표현한다. 그 내용이 정확한 사실인지, 고객의 오해에서 비롯된 것인지는 고객에게 중요하지 않다. 고객은 모든 것에 트집을 잡는다. 심지어는 영업실무자의 태도나 복장 등에 대해서도 맘에 들지 않는다면서 불평한다. 제품의 진열이 맘에 들지 않는다, 디자인이 별로다 등 사사건건 트집을 잡는다.

영업실무자는 이러한 고객의 마음을 얻고자 고객의 불평, 불만에 동조하는 경향이 있다. 절대로 해서는 안 되는 행동이고 반응이다. 특히 제품에 대한 고객의 트집에 동조해서는 안 된다. 이래서는 계약과는 점점 멀어진다. 그리고 고객의 이러한 불평, 불만을 그대로 믿어서도 안 된다. 가격을 깎거나 더 나은 조건의 구매를 위한 고객의 구매 전략 혹은 책략일 수 있다. 협상(흥정) 요구로, 혹은 다른 가치제안의 기회로 받아들일 수 있어야 한다.

이러한 고객을 상대할 때는 아래와 같이 하면 효과적이다.

(1) 고객의 트집을 기회로 만들어라

　　고객의 트집내용과 상황이 해결되면 구매할 것인가를 물어보라.

(2) 그 트집이 이번 거래와는 어떤 관계가 있는지 질문하라

　　혹은 판단하라.

(3) 고객의 불평, 불만에 적극 동조하지 마라

　　때로는 고객은 제품 혹은 가치제안에 대한 불평을 간접적으로 표현하고 있을 수도 있다. 설령 경쟁사와 경재제품에 대한 불평이라도 쉽게 동조하지 마라. 영업실무자의 반응을 살피기 위해 과장된 표현일 수도 있다.

(4) 고객의 실제 요구를 파악하라

　① 고객의 불평, 불만을 농담하듯이 대하라.

　② 때로는 반론을 제기하라. "누구나 다 그렇게 말하지만 실제로는……"

　③ 고객은 관심을 받기를 바랄 수도 있다. 경청하고 공감하면서 이면을 파악하라.

(5) 신뢰하고 우호적인 관계로 고객의 트집을 잠재워라

　① 인정하고 감정이입을 하라.

　② 고객을 아껴 주라.

　　・ "효과적인 조치를 위해 좀 더 자세히 알려 달라"고 하라.

　③ 조언에 감사하라. 가능하다면 조언을 채택할 수 있는 기회를 만들겠다고 하라. 그때 참여할 수 있는지를 물어라.

(6) 질문하라

① 고객이 원하는 것이 무엇인지?

② 왜 그런 트집을 잡는지?

③ 불평, 불만을 해결해 주면 구매할 것인지?

④ 회사에 보고를 위해 서면으로 정리해 달라고 요청하라.

(7) 가치를 강조하라

① 고객의 불평을 최소화하고 이익을 극대화하라.

- "저희 제품이~한 것이 약간은 부담되지만 정작 중요한~한 편리함을 누린다면 더 가치가 있을 것입니다."

(8) 반복된 불평이라면 이미 듣고 알고 있음을 알려라. 그리고 필요한 조치를 취하는 중이라고 말하라

(9) 불평, 불만을 건설적인 대화로 전환하라

- "그 부분은 이미 알고 있습니다. 중요한 점을 다시 상기시켜 주셔서 감사합니다. 그럼 이제 그 문제를 어떻게 해결하는 것이 좋을지에 대해서……"

4. 결정을 내리지 못하는 고객

고객은 자신의 결정에 확신을 갖고 싶어 한다. 결정에 대해 책임을 져야 하기 때문에 결정을 망설이기도 한다. 특히 자신의 돈을 써서 어떤 것을 구매를 할 때는 구매 후의 인지부조화(불평/불만의 발생

등) 우려 등으로 결정을 지연한다. 때로는 고객이 결정을 내리지 못하는 것은 고객의 구매책략일 수도 있다.

영업실무자 입장에서는 이렇게 결정을 내리지 못하는 우유부단한 고객을 상대한다는 것은 지치는 일이고 많은 비용을 초래할 수 있다. 이러한 고객을 상대하면서 지나치게 밀어붙여 오히려 고객이 더 뒤로 물러나게 하는 실수를 범하기도 한다. 고객의 결정연기의 이면을 파악하기보다는 오히려 반론을 제기해 고객을 불편하게 만들기도 한다. 때로는 이러한 고객에게 처음부터 설명을 다시 해야 하는 경우도 발생한다.

성급하게 거래조건을 양보해 오히려 고객의 내부갈등(결정을 하지 못하는)을 부추기기도 한다. 고객 입장에서는 자신의 연기이유 외 다른 조건을 영업실무자가 양보하면 더 많은 양보를 얻기 위해서라도 결정을 지연한다.

이러한 고객과 상담할 때는 아래와 같이 하면 효과적이다.

(1) 희소성의 법칙을 활용한다. "특별판매 기간이 오늘이 마감이다" 등의 방법을 활용해 의사 결정을 촉구한다.

(2) 사회적은 증거, 준거인물(고객에게 영향력이 있는 인물, 주변 사람, 유명인 등)을 활용한다. "~도 이 상품을 구매하였다"고 하면서 고객이 스스로 결정하도록 한다.

(3) 고객의 불안요소를 파악해 해결한다
  ① 결정을 연기하는 이유가 무엇인지? 결정을 하지 못하는 원인은 무엇인지?

② 추가적인 설명이 필요한 부분이 있는지?

③ 어떻게 해드리면 결정할 수 있는지 하면서 협상의 가능성을
   타진한다.

(4) 너무 많은 선택안을 제시해 오히려 고객을 혼란에 빠지게 하지
   마라. 고객은 결정보다 선택을 좋아하지만 너무 많은 선택은 오
   히려 역효과가 난다. 적절한 수(2~3개)의 선택안을 제시하라. "이
   것을 원하시지 아니면 저것을 원하시는지?"

(5) 고객의 결정지연 요소가 고객의 문제인지, 회사 또는 영업조직
   의 문제인지를 파악해 대응하라. 고객의 문제인 경우에는 그 문
   제를 해결할 수 있는 방법(구매력 문제라면 협상, 확신의 부족이
   라면 추가 영업 상담활동)을 지원하고, 자사의 내부 문제라면 신
   속히 해결하도록 하라.

(6) 고객의 니즈를 충족할 수 있는 항목을 정리해 나열하면서 고객
   의 결정을 촉구하라. 이때 구매하지 않았을 때 고객이 겪을 불편
   함 등을 이익과는 별도로 강조하는 것도 좋다.

(7) 때로는 단호하게 결정을 촉구하라.

(8) 쉬운 것부터 하나씩 마무리하라. 때로는 덤을 제공해 주라. 이
   때 덤은 판촉물이 아닌 고객이 구매한 상품의 가치를 강화할
   수 있는 그 무엇이 되어야 효과가 있다.

5. 인간관계에 따라 구매하는 고객

고객과 영업실무자의 거래가 비즈니스이지만 그 근간은 사람이다. 그래서 고객과 영업실무자 간에는 우호적이고 신뢰가 바탕이 된 인간관계가 쌓여 있어야 한다. 고객은 자신이 믿을 수 있고 신뢰가 가는 영업실무자 혹은 조직과 거래를 하고자 한다. 특히 B2C고객의 경우에는 이 인간적인 신뢰가 더욱 중요하다.

이 때문에 대부분의 영업실무자들은 고객과의 인간관계 형성에 노력을 많이 기울인다. 어렵게 만나 상담하던 고객이 경쟁사의 영업실무자와의 관계를 언급하며 구매할 수 없다고 할 때 영업실무자들은 많은 실망감을 갖는다. 고객의 이러한 반응이 사실인지 아니면 다른 의도가 있는지를 파악해야 한다.

고객과 특별한 인간관계를 구축해야 한다. 그리고 영업실무자는 고객과의 일정한 수준의 관계를 형성하기 전에 판매를 시도함으로써 고객의 반감을 불러일으켜서는 안 된다. 특히 처음 만나는 고객일 경우에는 짧은 시간에 고객과의 공감대를 형성하는 능력을 보여 줘야 한다. 다른 영업실무자와의 관계를 고객이 들먹일 때는 그 영업실무자 혹은 조직에 대해 비난을 하거나 공격하지 마라. 오히려 역효과가 날 가능성이 커진다.

혹 고객이 기존 영업실무자와의 관계에 대해 이의(불평 등)를 제기할 때는 적극적으로 대응하도록 하라. 그리고 고객이 다른 영업실무자와 관계를 언급한다고 쉽게 그 고객을 포기해서도 안 된다.

따라서 영업실무자는 고객과의 관계 형성을 위해 아래와 같이 하면 효과적이다.

(1) 자신만의 관계 구축을 설정하라

① 고객이 구매하는 영업실무자는 신뢰감이 갈 때, 자신을 이해해 줄 때, 자신을 돋보이게 해 주는 능력을 갖추었기를 바란다.

② 고객은 최고 영업 영업실무자와 거래하기를 원한다. 기회가 되면 자신의 영업실적과 자신의 고객 중에는 어떤 사람들이 있는지를 알려주라.

③ 거래와 관련된 일 처리에 능숙한 영업실무자와 거래하기를 원한다.

④ 고객의 성장과 발전을 지원해 주고 방법을 알려 주는 영업실무자를 원한다. 고객의 구매 후 관리를 잘하라.

⑤ 고객은 언제든 연결되고 필요할 때 그 자리에 있는 영업실무자와 거래하고자 한다. 항상 고객과의 소통채널을 확보해 놓아라.

⑥ 고객이 모르는 제품의 가치(용도, 사용방법 등)를 추가로 알려주라.

(2) 기존관계(다른 영업실무자와)가 있는 고객에게는 점진적이고 장기적으로 관계를 구축하라.

(3) 고객의 주변 사람들과 어울리고 도움을 요청하라. 함께 동행한 고객의 지인이나 가족이 있으면 그들과 좋은 관계를 구축하라.

(4) 경쟁상대의 움직임을 예의 주시하고 적절히 대응하라.

(5) 공정한 게임의 기회를 요청하라.

(6) 고객과 같은 부류에 속하라. 고객의 네트워크에 가입하라.

(7) 인간적인 신뢰가 부족한 상태에서는 상품과 서비스의 가치를 극대화해 거래의 가치를 먼저 인식시켜라. 고객이 계약한 후 인간관계를 구축하는 고객관리의 기술(1부 제2장, 3장에서 강조한)을 활용해 우호적인 관계를 구축하도록 하라.

6. 깐깐한 고객

영업실무자는 자신의 상품과 서비스의 가치를 열심히 설명한다. 자신이 생각해도 충분히 설득력이 있는 메시지이다. 그런데 고객은 냉담한 표정으로 "어디 나를 설득해 봐라"라는 듯 냉담하다. "왜 왔는가?", "어떤 제품인가?" 하면서 쉽게 상담에 몰입하지 않는다.

영업실무자가 제시하는 자료에 대해서도 시큰둥하게 검토한다. 드디어 시계를 보더니 "알겠습니다. 중요한 약속이 있어서…… 그리고 좀 더 확신을 가질 수 있는 자료가 필요할 것 같군요. 지금 설명으로는 한계가 있어서……" 하면서 자리에서 일어난다. 영업실무자는 엉겁결에 고객의 반응에 따라 상담을 마치고 일어선다.

왜 고객은 때로는 냉담하게 때로는 깐깐하게 영업실무자를 대하는 것일까? 이러한 고객은 어떻게 설득을 성공해 계약서를 받을 수 있을까? 이렇게 깐깐한 고객일수록 영업실무자들은 얼굴에 철판을 깔고 더 자주 방문해야 한다고 생각하고 또 상담할 때도 고객의 상황과 욕구는 무시하고 자신이 준비한 메시지를 미사여구를 동원해 전달한다. 이럴수록 고객은 점점 더 냉담해진다.

이런 고객을 대상으로 영업활동을 전개할 때는 아래와 같은 방법이 효과적이다.

(1) 준비를 철저히 한다
  ① 미리 전화해 약속을 잡는다.
  ② 고객이 얻을 수 있는 이점을 중심으로 자료를 준비한다.
    숫자를 활용하고, 근거자료, 사례 등을 충분히 준비한다.
  ③ 고객의 니즈와 욕구를 찾는 질문을 준비한다.
  ④ 고객의 사전정보(인지수준 등)를 수집하고 상담에 들어가기 전
    에 확인한다.

(2) 고객의 반응에 따라 설명과 제안의 수준을 조절한다
  ① 중간에 확인한다.
  ② 추가로 요구하는 사항, 알고 싶은 것이 있는지 묻는다.
  ③ 고객의 흥미를 끌 수 있는 자료를 제시한다. 그리고 그 자료에
    대한 고객의 판단을 이야기해 달라고 요청한다.
  ④ 고객의 반응을 보고 다시 만날 약속을 제안한다. "추가 정보를
    제공하고자 하는데 언제가 좋으신지요?"

(3) 당신이 알고 있는 답을 질문해 고객의 반응을 살핀다. 그래서
  고객이 생각하도록 한다. 고객의 답에 따라 상담의 메시지와 방
  법을 조절한다.

(4) 고객이 진짜로 흥미를 갖는 것은 무엇인지 자문해 본다. 혹은
  알려 달라고 요청한다.

(5) 진짜 구매할 수 있는 사람인지, 구매력을 가진 고객인지 고객의 수

준을 판단한다. 올바른 고객을 선정하는 것이 중요하다.

(6) 기회를 잡고 고객의 관심사를 파악한 후 가능하다면 개인적인 관계를 먼저 구축한다.

(7) 고객에게 부담되지 않는 수준에서 계속 접촉하고 기억하도록 유연하게 대처한다.

7. 이기적인 고객

고객은 영업실무자의 제안에 대해 트집을 잡고 더 이상 들으려고 하지 않으면서 자신이 원하는 것을 이야기하고는 자신의 요구를 수용하지 않으면 더 이상 대화할 수 없다고 한다. 때로는 회사에 대한 부정적인 자신의 감정을 드러내면서 자신의 욕구만을 관철시키려 한다.

영업실무자가 고객의 요구를 수용하기 위해 몇 가지를 추가로 제안을 해도 고객은 영업실무자의 말을 무시하고 자신이 원하는 것만을 고집한다. 막무가내로 영업실무자를 몰아세운다. 때로는 심한 표현을 써 가면서 감정을 드러낸다. 빈정거리기도 하고 다른 회사와 거래를 하는 것이 좋겠다는 말도 서슴없이 한다. 자신이 구매자라는 우월한 위치를 끊임없이 강조하면서 영업실무자를 압박한다.

이러한 고객의 반응에 경험이 많은 영업실무자들조차도 고객의 마음을 얻고자 하염없는 양보를 한다. 고객은 자신이 얻은 것에 만족하지 않고 더 강하게 요구한다. 다른 경쟁사가 제공하지 않는 서비스나 덤을 이야기하면서 추가로 요청한다. 때로는 영업실무자 조직의 상사나 다른 사람을 들먹이면서 그들과 이야기를 해보겠다고 한다. 이 말에 영업실무자는 또 양보를 한다. 그러면 고객은 더 많은 것을 요구한다.

영업실무자 입장에서는 이러한 고객이 영업실무자의 동료가 아닌 게 다행이라고 생각할 정도로 힘든 대상이다. 하지만 이러한 고객에게도 적절한 대응 방법이 없는 것은 아니다.

다음의 방법을 참고하라.

(1) 당신이 더 이상 물러설 곳이 없는 것처럼 행동하라. 당신은 충분히 궁지에 몰렸으며 더 이상의 요구는 당신의 한계를 벗어난 것임을 고객이 알도록 하라. 도와 달라고 하면서 엄살을 피워라. 엄살도 과장되게 피우는 것이 좋다. 침묵도 중요한 커뮤니케이션 기술이다.

(2) 때로는 고객의 지나친 요구를 농담처럼 받아 쳐라. 그러면서 대꾸하지 말고 자연스레 화제를 전환하라. 유머를 사용해 고객의 반응을 살펴라. 고객의 요구가 고객에게 진짜로 중요한 것이라면 고객은 그에 합당한 반응을 보일 것이다. 물론 반대의 경우에도 마찬가지일 것이다.

(3) 거래는 Give & Take가 원칙이라는 것을 기억하고 활용하라. 일방적인 양보는 가급적 하지 마라. 고객이 맞교환할 수 있는 무엇인가를 요청하면서 고객의 반응을 살펴라.

(4) 고객의 반응에 흔들리지 말고 현안에 집중하라. 영업활동은 고객과 거래를 하는 것이지 고객의 요구를 들어주기 위한 것이 아

님을 상기하라.

(5) 고객의 무리한 요구를 문제로 전환하라. 그래서 문제 해결의 단
   계로 진입하라.

① 고객이 진짜로 원하는 것이 무엇인지 묻는다.

② 영업실무자 혹은 조직이 가진 한계점을 분명하게 인식시킨다.

③ 기회를 엿보아 인간관계를 강화한다.

④ 거래의 가치(고객이 얻는 이익)를 강조하면서 공동의 목표를
   만든다.

⑤ 목표달성을 위해 서로 양보할 수준을 제안하고 고객의 반응을
   살핀다.

⑥ 작은 문제를 하나씩 해결하면서 전진한다.

(6) 고객이 주장하는 위협의 수준을 평가한다. 고객이 "나는 당신과
   절대로 거래를 하지 않겠다", "이제까지의 거래와 당신이 들인 공
   이 헛수고로 돌아갈 것이다", "다른 회사와 거래를 하겠다", "당신
   의 태도와 능력에 대해 회사에 불만을 토로하겠다" 등의 말을 한
   다. 이러한 고객의 위협에 대해 과연 고객은 그 위협을 실행할 수
   있는지, 실행하는 데 소요되는 고객의 비용은 그리고 그 실행을
   통해 고객이 얻을 수 있는 이익은 등을 판단해 고객의 위협에 의
   연하게 대처하라.

(7) 당신이 물러설 위치에 선을 긋고 당당하게 대응한다.

(8) 이러한 고객에 의존하는 비율을 줄이고 대안(다른 가망고객 확
   보)을 마련한다.

(9) 때로는 당신이 얼마나 피해를 보고 있는지를 고객에게 알린다. 그러면서 그 피해로 인해 고객과의 관계에 부정적인 영향을 미칠 수밖에 없다는 것을 알려라.

(10) 때로는 작은 양보를 하면서 고객이 유리한 협상을 하였다는 느낌을 들도록 하라. 양보의 가치를 숫자로 명확하게 표현하는 것이 좋다.

8. 속내를 드러내지 않는 고객

상담 중인 고객이 도대체 무슨 생각을 하는지 알 수가 없다. 영업실무자의 제안에 대한 반응도 없다. 질문을 해도 답은 늘 그저 그렇다. 심지어 자신이 영업실무자와 상담을 요청하고도 자신의 요구나 생각을 표현하지 않는다. 얼굴 표정도 바뀌지 않는다. 어떤 것이 궁금한지 물어도 먼저 설명을 해 보라고만 하면서 자신의 느낌이나 생각은 말하지 않는다. 설명을 마쳤는데도 고객이 얼마나 이해하였을까 의문이 든다. 고객의 반응을 파악하지 못하였기 때문에 다음 영업활동을 어떻게 해야 할지 판단이 서지 않는다.

이러한 고객과 상담하면 영업실무자는 무력감을 느끼기도 한다. 고객의 흥미를 끌어내고자 더 많은 말을 하게 되면서 하지 말아야 할 말을 하게 되고 제공하지 않아도 되는 서비스를 약속한다. 그래도 고객은 묵묵부답이다. 심지어 고객의 이러한 반응이 거절을 의미하는 것이 아니고 속으로는 거래를 하고자 하는 생각이 있다고 판단한다. 다

소 감성적인 영업실무자는 고객의 이러한 반응이 자신을 싫어하는 것
이라고 받아들인다. 개인적인 거부로 받아들인 영업실무자는 고객의
마음을 얻고자 무리한 양보를 하거나 또는 다시 만나는 것을 포기한다.
이러한 고객을 대할 때는 다음과 같이 하면 효과적이다.

(1) 효과적인 질문을 하고 침묵을 지킨다. 영업실무자가 고객과 상
담하면서 침묵을 지키기가 어렵다. 그래도 인내하면서 활용할
수 있어야 한다. 효과적인 질문에 대해 고객은 생각할 것이다.
침묵이 고객에게도 불편하다. 그래서 고객은 자신의 생각을 표
현하기도 한다. 침묵도 중요한 커뮤니케이션 기술이다.

(2) 고객을 상담의 주인공으로 만들어라. "저의 일방적인 설명보다
고객님께서 궁금해하시는 것을 먼저 이야기해 주시면 효과적으
로 상담이 이뤄질 것 같습니다." "다음에는 무엇을 준비해서 오
면 되겠습니까?" "다음에는~을 준비해 오면 될까요?"

(3) 가벼운 대화로 시작하고 적절한 질문을 통해 고객의 입을 열게
한다. 사적인 대화가 때로는 유용하다. "시간을 절약하고자 먼
저 몇 가지 확인을 하고 싶은데 괜찮겠습니까? 그럼 저희 제품
에 대해 어느 정도 알고 계신지요?", "혹~한 불편함은 없으신지
요?" 등의 질문을 해서 고객이 말을 하도록 유도한다.

(4) 고객의 반응을 살피고자 구매 결정을 요청해 본다. 고객이 상담
내내 침묵으로 일관한다면 더 이상 설명이 불필요할 수도 있고
고객이 번잡하게 생각할 수도 있다. 따라서 이때는 "그럼 충분

히 이해하신 것으로 알고 계약을……?", "좀 성급한 감이 있지만 아무 말씀이 없으시니…… 지금 계약을 하시겠습니까?"라고 하면서 마무리를 시도해 본다.

(5) 도움을 요청한다. 상담 내용에 대한 고객의 피드백을 요청한다. "제 설명에 아무런 반응이 없으시니 제가 어떻게 해야 할지 잘 모르겠습니다. 지금까지의 설명에 대한 느낌은 어떠신지요?", "계속 설명해도 될까요?", "궁금하신 점은 없으신지요? 다른 고객들은~에 대한 질문을 많이 하시는데……?"라고 하면서 고객의 반응을 살펴라.

(6) 고객의 포커페이스 이면을 살펴라.
 ① 협상(흥정)에서 유리한 위치에 있는지 살핀다.
 ② 당신의 능력을 시험하는 것은 아닌지 살핀다.
 ③ 시간이 없는 고객인지 살핀다.
 ④ 이미 다른 것을 구매하였거나 구매할 계획인지 살핀다.
 ⑤ 당신을 못마땅해 하는지 살핀다.
 ⑥ 신중한 성격의 고객인지 살핀다.
 ⑦ 결정 권한이 없는 고객인지 아닌지를 살핀다.
 ⑧ 고객이 거절은 지금 사지 않겠다는 것이지, 영원히 사지 않겠다는 것은 아니다.
 ⑨ 고객의 반응은 영업실무자의 제안에 대하 거절이지 영업실무자에 대한 거절은 아니다.

9. 박학다식을 자랑하는 고객

고객은 명석하고 아는 것이 많으며 똑똑하고 자신만만하다. 제품에 대해 영업실무자인 당신보다 더 잘 알고 있는 듯 하다. 그래서 당신이 제품에 대해 설명하면 다 알고 있다고 당신의 말을 가로막거나 당신의 말 중에 잘못된 것을 지적한다.

거래를 하자고 제안하면 아직 확신이 부족하다고 하거나 자신의 지식을 자랑하면서 당신의 말을 못 들은 체하거나 무시한다. 그러고는 크고 작은 트집을 잡으면서 당신의 업무능력에 충고를 하려 한다. 이 고객을 당신의 말에 귀 기울이게 만드는 데 한계를 느낀다. 그리고 말하기를 좋아해 항상 자기가 하고 싶은 말만 하고는 상담을 끝낸다.

이러한 고객을 만나는 영업실무자들이 저지르는 실수는 상투적인 문구나 홍보성의 문구로 고객을 설득하려고 한다는 것이다. 이들 고객은 평범한 영업실무자와는 거래할 생각이 없다. 지나치게 호의를 보이거나 과장되고 식상한 행동에도 거부감을 갖는다.

또 영업실무자가 새로운 정보에 둔감해서는 이들 고객과 상담을 제대로 진행할 수 없다. 이들은 새로운 정보, 트렌드, 기술 등에 관심이 많다. 높은 수준의 정보를 준비해야 한다. 그리고 이들과 논쟁을 하거나 말싸움을 해서 이기려 하지 마라. 고객이 전문가라는 것을 인정해 주어야 한다. 이러한 고객과 효과적으로 상담하는 방법은 다음과 같다.

(1) 고객의 지식에 감명만 받지 말고 가끔은 감명을 주도록 하라. 스스로 공부하고 정보를 수집해 고객에게 전달하도록 하라. 영

업실무자가 한 분야에 대해 전문적인 능력을 갖추고 있다면 이 고객은 그러한 영업실무자와 대화하는 것을 즐긴다.

(2) 고객의 전문지식을 활용하라. 고객의 말을 기록하고, 고객의 전문성을 이용해 고객이 원하는 제품이 어떤 것인지 질문하고 메모하라. 구매를 하지 않는 이유가 있다면 그것이 무엇인지 알려 달라고 하라. 고객의 말을 분석하고 검토를 한 후에 다시 고객을 만나 그 결과를 알려 주라.

(3) 다른 고객과의 상담에 도움이 되는 조언을 부탁하라.

(4) 고객의 피드백을 요청하라. 영업실무자의 설명에 대해 고객의 평가를 요청하라. 더 잘하고 싶다고 하면서 부족한 부분에 대해 지적해 달라고 한다.

(5) 이 고객에게 메시지를 전하거나 설득을 시도할 때는 늘 5W1H 에 맞춰서 논리적으로 준비를 하라.

(6) 고객이 자신의 전문분야에 대해 이야기하도록 하면서 영업의 기회를 살펴라. 고객이 구매의 필요성을 스스로 느끼도록 하라. 당신의 제품 혹은 서비스가 고객의 특정 아이디어에 혹은 업무에 도움이 된다는 것을 입증시켜 주면서 고객을 설득하라.

(7) 고객이 미처 모르고 있는 정보를 찾아 제공하라. 다양한 네트워크와 매체를 이용하면 고객에게 새로운 정보를 찾을 수 있을 것이다.

(8) 고객의 전문분야에 대해 배워라. 가르쳐 달라고 요청하라.

(9) 고객을 만날 때는 자사의 전문가와 함께 만나도록 하라. 당신과 함께 방문한 전문가는 고객과 전문적인 분야에 대해서만 이야 기하도록 하라. 영업은 당신이 하라.

(10) 공통점을 발견하고 공감대를 찾아 인간적인 관계도 구축하는 것이 필요하다.

(11) 당신은 영업실무자라는 것을 기억하고 주문을 과감히 요청하라.

10. 실수를 용서하지 않는 고객

아무리 당신이 유능한 영업실무자라 하더라도 실수를 하거나 문제를 야기할 수 있다. 이러한 당신의 실수를 기회로 당신에게서 더 많은 양보를 얻어내려고 하는 고객은 항상 존재한다. 모든 고객이 이렇지는 않다. 때로는 당신의 실수가 아닌 실수(조직 혹은 다른 영업실무자, 직원)를 당신의 실수인 양 말하며 감정을 드러내고 노발대발한다.

실수에 대해서 임기응변으로 문제를 해결하려 해서는 안 된다. 변명하기보다는 사과를 하고 실수를 만회할 기회를 보도록 하는 것이 좋다. 고객이 제기하는 문제를 오래 끌지 마라. 어느 개인을 탓하지 말고 실수를 해결하는 데 초점을 맞춰라. 고객이 실수를 알려 준 것에 감사를 하고 조직 차원의 대응책을 강구하라. 그리고 그 결과를 반드시 고객에게 알려 주어야 한다.

당신이 저지른 실수라면 끝까지 책임을 지고 문제를 해결하도록 하라. 이러한 상황에서 영업활동을 효과적으로 하는 방법은?

(1) 고객의 화를 풀어 주라.
  ① 인정하라. 특히 고객의 요구가 옳다면 감사를 표하라. 정면대결은 더 강한 화를 부른다.
  ② 문제에 대해 더 자세히 이야기해 달라고 요청하라. 고객은 자신의 문제를 이야기하고 영업실무자는 그 말을 경청함으로써 고객의 화를 문제 해결의 에너지로 전환할 수 있다.
  ③ 공감하면서 문제 해결을 위해 원하는 조치를 물어라.
  ④ 당신과 조직의 해결방법을 제안해 고객과 절충·합의를 하라.
  ⑤ 조치를 행하고 피드백을 하라.

(2) 직접 만나서 이야기할 때는 고객이 자신의 문제를 모두 이야기하도록 하라. 질문하고 요청하고 메모하면서 들어라.

(3) 때로는 먼저 양보를 해 고객의 문제를 해결하고 추가영업의 기회를 확보하라. 가능하다면 협상도 시도하도록 하라.

(4) 고객의 문제가 해결될 때까지 계속 관심을 보이면서 진행 상황을 고객에게 미리 알려 주라.

(5) 때로는 고객이 당신 회사의 윗선을 만나려는 비용을 제거해 주라. 당신이 중재자가 되어 연결고리 역할을 하라. 당신이 유일한 창구이고 해결책이 마음에 들면 고객은 당신을 떠나지 않을 것이다.

(6) 조직 내부의 조치나 전략의 변화, 거시 환경의 변화로 인해 고객에게 문제가 야기될 경우에는 미리 알려 주고 대응조치를 함께 고민하라. 전화를 이용하든, 편지를 이용하든 명확하게 메시지를 전하도록 하라.

(7) 조직의 힘을 최대한 활용하는 정치력을 발휘하라. 이를 위해 평소 조직 내부의 이해관계자, 관련 부서의 사람들과 긴밀한 관계를 형성해 놓아야 한다.

(8) 문제 해결 후 고객과의 관계를 강화하라. 이는 문제 해결과정에서 당신이 보여 준 능력과 태도가 결정한다. 고객이 당신의 능력에 신뢰를 갖는다면 이후의 관계는 원만하게 될 것이고 추가 영업의 기회도 고객이 제공해 줄 것이다.

11. 조직에 대해 부정적 선입견을 가진 고객

자신이 원하든 원하지 않든 당신이 몸담고 있는 조직과 당신이 제안하는 상품과 서비스에 대해 고객은 자기 나름의 기준으로 평가를 내린다. 특히 자신이 직접 구매해 사용하는 고객인 경우에는 평가 이상의 판단을 내린다. 모든 고객이 이 평가를 긍정적으로 내리지 않는다. 그리고 고객의 평가에는 외부의 정보도 영향을 미친다.

영업실무자가 고객과 접촉해 상담을 시작하는데 고객은 조직과 상품에 대해 부정적인 의견(남들이 말하는데 그렇지 않다고 한다. 제품의 품질이 형편없다고들 말한다 등)을 말한다. 심지어는 "주변에서 부정적인 말들을 한다. 따라서 나도 그런 회사의 물건은 다시 사지 않을 것이다. 회사의 조치를 믿을 수 없다. 그 회사 영업실무자와는 말을 하지 않을 것이다" 등 부정적인 말을 한다. 고객이 이렇게 나오는 원인에는 사실인 것도 있고 고객이 잘못 알고 있는 것도 있다. 이때 영업실무자가 저지르는 실수는 지나치게 회사를 옹호하다가 고객에게 부정적인 말(우리 회사는 완벽하다, 고객이 잘못 알고 있다, 고객이 틀렸다 등)을 해서 오히려 상황을 악화시키는 것이다. 물론 고객의 불평에 동조해서도 안 된다. 더욱이 이러한 고객의 부정적인 말과 행동에 스스로 자신의 회사를 부정적으로 봐서는 안 될 것이다.

이러한 고객을 대할 때는 다음과 같이 하면 효과적이다.

(1) 자료를 통해 긍정적인 이미지를 전달하라.
 ① 기존고객의 추천서 – 준거인물, 전문가, 유명인
 ② 회사의 건전성을 나타내는 보고서
 ③ 언론기사
 ④ 온라인상 평판 등을 준비해 고객의 부정적인 인식을 바꾸도록
    노력하라.

(2) 스스로 회사의 대표가 되어 고객의 불신을 불식시켜라. 행동으로 보여 주고 약속을 지켜라. 조직의 역량을 최대로 활용하라.

(3) 당신의 상사가 고객을 만나는 기회를 제공하라. 회사가 고객을 늘 잊지 않고 있다는 것을 보여 주라.

(4) 고객이 필요할 때면 언제나 회사와 커뮤니케이션할 수 있는 채

널을 만들고 활용하라. 가급적 책임 있는 직위의 구성원이 답을 하라. 당신 고객인 경우에는 당신이 직접 답을 하라.

(5) 고객이 부정적인 선입견, 싫어하는 이유를 찾으라.

① 고객이 언젠가 불쾌한 경험을 한 적이 있다. 있다면 언제 어떤 일이었는지를 파악한 후 조치를 취하고 고객에게 알려라.

② 이전 영업실무자의 실수 혹은 무관심이 원인이라면 당신은 그러한 실수를 하지 않는다고 약속하고 행동으로 보여 주라.

③ 경쟁사 혹은 경쟁 영업실무자가 중상모략을 하고 있다. 자료를 모으고 적극적으로 대응하라.

④ 정서적으로 고객이 거부감을 가질 때는 시간을 두고 장기적으로 공략하라. 기회가 될 때마다 긍정적인 메시지를 보내고 고객이 기존의 거래처에 대해 갖는 불평을 파악해 대응하라.

⑤ 소문에 의한 거부감을 보일 때는 긍정적인 자료를 바탕으로 고객의 오해 혹은 의심을 해소해 주라.

⑥ 해결되었다고 한 문제가 재발했다. 신속하게 문제를 해결하고 재발을 위한 조치를 취하라.

(6) 고객이 양보 혹은 더 나은 조건의 거래를 위한 반응이라면 협상으로 전개하라. 그때그때 고객의 마음을 잡기 위해 일방적인 양보는 더 큰 양보를 요구하게 만든다. 협상 상황에서만 협상전략으로 양보를 하라.

(7) 때로는 고객의 거부표현을 무시하고 가치를 중심으로 고객을 설득하라. 당신이 준비한 상품의 가치에만 집중해 상담하라.

1. 고객은 다양한 이유로 영업실무자를 힘들게 하고 압박한다.

2. 고객의 구매유형은 자신의 거래목적을 달성하기 위해서이다.

3. 영업실무자는 고객이 보여 주는 다양한 구매유형에 유연하게 때로는 원칙적으로 대응할 수 있어야 한다.

4. 고객의 심리와 구매프로세스에 대한 이해를 높여라.

5. 영업실무자의 능력은 상품을 판매하는 것에만 있는 것이 아니다. 고객의 문제를 해결하는 능력도 중요하다.

6. 조직의 내부 이해관계자와 관련 부서와의 돈독한 관계 구축을 통해 고객의 문제에 능동적으로 대처하라.

제2장
가격협상은 이렇게 하라

　판매실무자가 열심히 고객에게 상품 설명을 마치자,

　고객: "이렇게 먼 곳까지 와 친절하게 소개해 주셔서 감사합니다. 안타깝게도 우리/나와는 맞지 않는군요! 좋은 제품이라 다른 사람들에게는 많은 인기가 있을 겁니다"라고 이야기한다. 그러고는 자리를 정리한다.

　판매실무자가 실망해 가방을 챙기고 문을 열고 나가려 할 때,

　고객: "그런데 말이오. 당신이 준 정보는 매우 유익했소. 고맙소. 그래서 한 가지 묻겠는데 당신이 제시할 수 있는 가장 낮은 가격은 얼마요? 가격을 깎아 준다면 고민을 해 보겠는데……, 또 어떤 서비스가 가능합니까?"라고 묻는다.

　자! 이 영업실무자는 어떻게 대응하여야 하는가? 만일 당신이 이 영업실무자라면 어떻게 대응할 것인가? 당신이 생각하는, 즉 당신이 깎아 줄 수 있는 가장 낮은 가격을 제안할 것인가? 아니면 고객의 진의를 파악할 것인가? 고객은 상품이 자신에게 맞지 않다고 하거나,

상품의 가치도 인정하는 듯 하면서 가장 낮은 가격은 왜 물어보는 것일까? 영업실무자로 하여금 많은 매몰비용(고객과 상담을 위해 치른 비용-심리적 비용, 시간비용, 기다린 비용, 상담비용 등)을 지불하게 하는 목적은 무엇일까? 영업실무자는 이 비용에 얼마나 흔들리는가?

영업실무자의 당연한 목적은 상품의 거래를 성사시키는 것이다. 거래 성사에서 영업실무자가 놓쳐서는 안 되는 목적이 있다고 여러 차례 강조하였다. 즉, 거래의 이익수준을 높게 확보하여야 한다는 목표 말이다. 거래의 이익수준을 결정하는 가장 크고 중요한 조건이 가격이다. 가격을 어느 정도 수준에서 결정하는가가 매우 중요하다. 따라서 이번 장에서는 가격협상(흥정)하는 비결에 대해 알아보도록 한다.

1. 가격협상(흥정)의 이해

고객은 가격을 깎아야 직성이 풀린다. 어떤 제품을 구매하든 무조건 깎으려는 고객은 항상 존재한다. 문제는 영업실무자 입장에서는 깎아 달라는 고객의 요구를 모두 수용할 수는 없다는 것이다.

고객은 자신이 원하는 만큼의 가격을 깎기 위해 다양한 방법(무시하기, 못 들은 척하기, 협박하기, 핑계 대기, 양보 요구하기, 시간 끌기 등)들을 사용한다. 또 흥미 없는 척하거나, 마누라 핑계를 대거나, 양자택일을 요구하고, 때로는 감정적으로 나오기도 하고, 엄살을 피우기도 하는 등의 흥정방법을 총동원한다.

영업실무자는 이러한 고객의 가격흥정 요구에 적절하게 대응하고 마진을 확보하는 협상 전술(기술)을 익히고 효과적으로 활용할 수 있어야 한다.

영업실무자들이 고객과 협상(흥정)에서 가장 힘들어하는 것은 고객이 무리한 가격을 제안하거나, 자신이 제안한 가격을 고수하는 경우이다. 이러한 고객을 만나 흥정이 진전되지 않을 때 영업실무자는 가격흥정의 딜레마(정직성의 딜레마, 신뢰의 딜레마 등)에 빠져 자신이 영업/판매를 하고 있다는 사실을 잊는다. 영업/판매는 최고의 마진을 보호하기 위해 그에 합당한 가격을 받는 것이다. 이를 위해 고객의 니즈를 충족시켜 주는 가치로 영업/판매에 집중(고객의 필요/욕구와 상품의 가치를 연결하는 그래서 고객이 상품에 대해 갈망하도록 하는)하지 못하면 그만큼 거래조건이 불리해진다.

또 영업실무자는 고객과의 인간적인 관계 유지가 가격흥정의 긴장과 밀고 당기는 팽팽함으로 부정적인 영향을 받을 우려를 제거하고자 미리 가격을 깎아 준다. 특히 고객의 니즈와 상품의 가치 연결은 하지 않고서, 그리고 진짜 사려고 하는 마음도 없는 고객과 가격을 놓고 실랑이를 벌이면서 시간과 에너지를 낭비하기도 한다. 고객의 다양한 책략(엄살 피우기, 다른 회사의 가격이 낮다는 말 등)에 효과적으로 대응하지 못하고 고객의 말을 쉽게 믿는다.

가격은 고객에게나 영업실무자에게 있어 가장 중요한 거래조건이다. 가격은 고객의 구매비용을 줄이는 데 가장 핵심이 되고 영업실무자는 판매마진을 확보하는 데 가장 큰 영향을 미치는 조건이다. 따라서 가격을 어떻게 흥정하는가가 거래에서 성공과 실패를 결정한다고 볼 수 있다. 지금부터는 가격흥정을 어떻게 할 것인가에 대해 알아보도록 한다.

2. 가격협상(흥정)의 기본 원칙

다음의 원칙들이 고객이 가격에 민감하거나 가격할인을 강하게 고집할 때, 고객이 가격흥정을 시도하려 할 때 영업실무자가 활용할 수 있는 흥정의 원칙들이다. 흥정의 상황과 고객의 입장을 고려해 적절한 원칙들을 활용하라. 구체적인 전술들은 다음 절에서 알아볼 것이다.

▷ 가격협상의 기본 원칙 16가지

(1) 가격을 깎으려고 하는 고객에게는 그 대가로 다른 것을 요구하라. 모든 흥정은 주고받는 것이다. 무엇을 요구할지는 사전에 준비하도록 하라.

(2) 고객이 가격흥정을 시도하면 우선 구매의사를 명확하게 확인하라. 잘못된 고객과 흥정하는 어리석음을 피하라.

(3) 지금 상담하는 고객 외 다른 누군가가 결정권을 갖고 있을 수 있다. 그는 지금 흥정 중인 고객보다 상품에 대한 니즈가 강하거나 더 많은 비용을 지불할 결정을 내릴 수 있다. 그와 흥정할 기회를 탐색하라.

(4) 고객과 사적인 관계를 구축하고 이를 활용해 가격할인 요구의 강도를 약화시켜라. 고객을 기억하고 관심을 보여 주라. 만일 매장 영업을 한다면 매장에 늘 사람이 있도록 하라.

(5) 흥정에 들어가기 전에 항상 고객의 니즈와 상품의 가치를 극적으로 연결하라.

(6) 가격 외 다양한 차별화 조건(배달, 설치, AS, 액세서리 제공 등)을 개발하고 적은 비용이 들어가는 조건을 덤으로 주는 등의 협

상전략에 활용하라.

(7) 원하는 수준에 말뚝을 박고 움직이지 마라. 때로는 판매를 포기할 수도 있다는 것을 알려라.

(8) Anchoring 효과를 활용하라. 높은 가격을 받기 위한 제안의 원칙이다. 절대로 미리 가격을 깎아 주지 마라. 그리고 고객의 Anchoring에는 협상이 여지가 포함되어 있음을 인식하고 그대로 수용하지 마라.

(9) 협상(흥정)은 심리게임이다. 고객의 심리상태를 파악하고 자신이 이면-거래의 다급성을 고객이 알아채지 못하도록 하라. 포커페이스를 유지하라. 승자의 저주에 빠지지 마라.

(10) 많이 아는 사람이 이긴다. 늘 정보를 수집하고 활용하라. 이를 위해 흥정을 하면서 지속적으로 질문하고 고객의 반응을 살펴라.
 · 고객의 BATNA 가치와 BATNA 선택 가능성
 · 고객의 한계 – 시간, 권한, 필요성
 · 고객의 조건들과 우선순위
 · 고객의 내부 협의수준

(11) 고객의 구매스타일과 성격을 파악한다.

(12) 미리 대비하라. 항상 고객은 가격을 깎으려 한다. 이런 고객들에 대응하는 방법과 전술들을 미리 준비하라.

(13) 고객: "가격이 비싸다" 어떻게 해석하고 대응할 것인가?
 · 해석의 내용과 대응
  – 상품의 가치에 대한 불안 ➔ 상품가치를 전달해 흥정하지 않고 판매에서 성공

- 타사와 비교 ➔ 사실 여부 판단, 비교우위 강조, 차별화 강조
- 고객은 깎기 위해 ➔ 타협, 교환, 덤 주고받기를 준비 ➔
  If~법으로 대응

(14) 가격이 비싸다는 것은 고객의 주관적인 판단이다. 객관적인 부분(사회적인 증거, 정찰제, 준거인물 언급, 업계관례, 회사의 규칙활용 등)을 강조해 고객의 판단을 약화시켜라.

(15) 진짜 이유를 찾아라. 고객의 숨겨진 이면을 파악하고 고객이 얻는 가치를 강조하라.

(16) 고객은 자신의 구매력 부족문제 해결을 위해 다양한 책략을 준비한다. 이러한 책략에 대비하라. 때로는 영업실무자에게 양보할 조건도 준비한다. 이 조건을 파악해 요청하면서 가격과 교환을 시도하라. 조직이 영업실무자에게 가격할인에 대한 제한된 권한을 부여하는 것은 판매마진의 보호를 위해서이다. 조직과 상사를 적극 이용하라.

3. 가격협상(흥정)의 전술 16계

1) 시간의 한계를 이용하라

고객의 데드라인을 활용하라.
(1) 시간을 갖고 여유 있게 흥정을 한다. 영업실무자가 저지르는 실수인 조급함을 버려라. 고객 스스로 자신의 시간 한계에 발목이 잡히도록 한다.

(2) 상대의 시간적인 한계 활용

　가. 선택의 폭을 줄여라.

　　언제까지나 기다릴 수 있다는 것을 보여 주라. 또는 언제까지 결정하여야 한다는 한계를 제시하라. 영업실무자 스스로 자신의 시간에 발목이 잡혀서는 안 된다.

　나. 이 방법의 활용을 위해서 다음의 정보를 파악하라.

　　・고객의 구매시기, 구매 필요성과 긴급성, 이해 관계자를 파악

　　・현재 사용하고 있다면 교체시기, 사용상의 문제를 파악

　　　－ 다양한 채널을 통해 정보를 파악하라.

　　　－ 판매 파트너를 활용하라.

2) 규칙을 강조하라

가격 수준은 회사의 규칙이고 이를 어길 수는 없다는 것을 강조하고 "저희 매장은 정찰제입니다"라는 문구가 가진 힘을 활용하라.

(1) 문서화는 정찰제의 의미가 있다. 고객에게 거래조건을 제안할 때는 구두로 하지 말고 서류로 하라.

(2) 가급적 자사의 계약서로 계약하라.

(3) 규칙의 힘이 가격할인 요구를 약하게 한다. 조직의 규칙임을 강조하라. 그래도 고객이 가격을 깎기를 원한다면 다른 조건의 양보를 얻어내라. 조직을 설득하기 위해서 필요하다고 하라.

(4) 전례, 규칙을 문서로 만들어 상대가 인식하도록 하라.

(5) 회사의 방침이다. 우리 회사의 조건임을 강조하라.

(6) 새로운 규칙(가격 인상표)을 보여 주면서 이미 제안한 조건을 수용하도록 하라. "다음 달 인상할 가격표입니다. 하지만 이번 거래는 지난번 제안한 것이 유용합니다."

(7) 규칙을 강조하는 합법성 문구

　가. "이렇게 마무리합시다."

　나. "그것은 표준적인 가격표입니다."

　다. "모든 사람들이 그 가격에 구매합니다."

　라. "그렇게는 허락되지 않습니다."

　마. "그것은 우리 업계의 표준가격입니다."

　바. "이미 결정되었습니다."

　사. "더 이상은 회사의 방침을 어기는 것입니다."

　아. "항상 이런 방식으로 계약을 합니다."

　자. "그것이 저희의 마지막 제안입니다."

　차. "그것은 규정을 벗어나는 것입니다."

　카. "만일의 사태에 대비한 것입니다."

　타. "어디를 가도 이 가격일 것입니다."

3) 업계 관례임을 강조하라

"모두가 이렇게 합니다."

(1) 사회적인 증거의 심리적인 법칙을 활용하는 것이다.

(2) 준거인물(고객에게 영향력이 있는 인물)을 활용한다.

　가. "모두가 이 가격에 구매한다."

　나. "○○도 이 가격에 구매했다."

다. "고객님 때문에 업계의 관례를 바꿀 수는 없습니다."

(3) 업계의 공통 계약서를 활용한다.

4) 고객을 지치게 하라

(1) 상대의 매몰비용을 크게 만들어라. 고객이 더 자주 찾아오게 하고 고객이 더 고민하게 하라. 이를 위해 상사 혹은 조직의 핑계 - 허락을 받아야 하는 데 상사가 지금 없다. 그래서 며칠 후에 다시 만나 협상을 다시 하자고 제안하라.

(2) 구매과정에 깊이 개입하게 만들어 고객의 전환비용을 크게 하라. 고객이 직접 사용해 보고, 입어 보도록 하라. 고객 친구들의 평가를 덧붙이면 금상첨화이다.

(3) 만일 고객이 화를 내면 냉정하고 침착하게 대응하라. 고객의 에너지를 소모시켜라.

(4) 절대로 계약을 서두르지 않는 듯한 행동을 하라.

5) 가격 외 다른 조건의 양보

(1) 최소 비용이 지불되는 비금전적인 양보로 고객의 가격인하요 구를 약화시켜라.

(2) 사용법, 교육, 개인적인 매뉴얼 만들어 주기, 정기적인 점검, 분할지급, 덤 주기, 수량할인, 배송비 지원, 보증기간 연장, 설치비 지원, 배송시간 단축, 부품·액세서리 지원, 소프트웨어 지원, 서비스 제공 등

(3) 구매비용 절감: 전환비용, 업무비용 등

6) 타협점을 찾으라

(1) 상호 제안 조건의 차이를 중간에서 합의한다.
(2) 먼저 제안하는 것이 불리하다. ➜ 영업실무자의 타협 수준이
상대의 이탈수준과 멀어진다면 (영업실무자의 희망수준에 가
깝게) 먼저 제안하는 것이 유리하다.
(3) 영업실무자는 자신의 한계수준을 정해 놓고 이 방법을 활용해
야 한다.
(4) 상대가 먼저 타협점을 제안하면 곧 답을 하지 마라. 그리고 자
신의 수준과 상대의 제안수준 중간점을 역제안하라. 그러면서
"어쩔 수 없이 양보해 드리는 것입니다"고 말을 덧붙여라.

7) 하나씩 하나씩 하라

(1) 협상(흥정)이 진행되도록, 협상(흥정)의 타결 가능성을 높이는
방법이다.
(2) 협상(흥정)의 거래조건을 모두 개발하라.
(3) 제일 중요한 가격은 맨 마지막에 시작하라.
(4) 작은 것을 하나씩 합의 보기 하라.
(5) 쉬운 것부터 하나씩 합의하라.
(6) 고객에 대한 충분한 정보(구매력, 필요성, 스타일, 성격 등)를
수집해 활용하라.

(7) 상대가 많은 시간을 투입하도록 협상(흥정)을 이끌어라.

　가. "드디어 마지막에 이르렀군요. 이젠 한 가지만 마무리하면
　　　협상(흥정)이 타결될 것 같습니다."

　나. "협상(흥정)을 잘 마무리하는 것이 중요하지요", "지금까지
　　　의 노력이 허사가 되지 않도록 하지요."

8) 손사래 치기 – 엄살을 피워라

(1) 자신의 권한 한계를 활용하라.

(2) "그건 말도 안 되는 조건입니다. 어떻게 말이 나오지 않네요",
　　"제가 해고되어도 좋습니까?"

(3) 고객의 제안을 초기에 덥석 물지 마라. 상대의 초기 제안에는
　　항상 협상의 여지는 존재한다.

(4) 깜짝 놀라면서 자신이 피해자라는 것을 강조하면서 과장하라.
　　"그 조건으로 보고하면 제가 뭐가 됩니까!"

(5) 도움을 요청하라. "제 입장을 고려해 주시기 바랍니다."

9) IF～법 – 조건 교환하기

(1) 고객의 가격할인 요구에 합당한 다른 조건으로 교환하기

(2) 다양한 거래조건을 활용하고 개발한다.

(3) 협상(흥정)은 주고받는 것임을 강조한다.

　가. "그 가격에 계약을 원하시면 현금결제가 가능해야 합니다."

　나. "그 가격을 고집하시면 원하시는 서비스를 제공하는 데 어

려움이 있습니다."

(4) "If~"법을 활용하는 방법

　가. "만일 저희가 가격요구를 수용한다면 어떤 조건의 양보가 가능하신지요?"

　나. "혹~조건의 조정이 가능하다면 가격은 한 번 조정해 볼게요."

10) 제안 반복하기

(1) 제안 ➜ 역제안 ➜ 반론/역제안…… 제안을 반복하라. 협상(흥정)은 지속적인 제안과 역제안의 과정이다.

(2) 고객도 여유를 갖고 협상(흥정)을 한다. 항상 다시 만날 여유가 있다는 것을 보여주라. 조급하게 서두르지 마라.

(3) 고객의 무리한 요구에 대해 내부협의가 필요하다는 것을 강조한다.

(4) 타협, 교환, 양보의 전략을 적절하게 섞어서 활용하라.

11) 가격 나누기를 하라

(1) 전체 금액의 일부는 현금 나머지는 할부 또는 카드결제

(2) 고객은 이미 지불한 금액에 대해서 가치를 갖는다. 그래서 나머지 지불금액에 대한 부담을 덜 갖는다.

(3) 고객도 준비하는 구매협상(흥정) 전술이다.

(4) 과감하게 요구하라.

12) 기정사실화하라(이미 구매를 하였다)

    (1) 선 인도 방식(먼저 사용해 보라. 결제는 나중에 해도 된다)

    (2) 이익을 직접 보고 편리함과 이익을 경험하게 하기. 체험하게 함으로써 심리적인 빚을 지게 하는 방법

    (3) 이미 물건을 받고 사용하였으므로 가격할인 요구가 약해짐

    (4) 자신이 원하는 상품을 이미 소유 → 그 가치를 경험하도록

    (5) 상당한 위험이 따를 수도 있다.
- 고객의 반품 제안
- 불평, 불만 발생
- 가격할인을 고수

13) 덤 주기 방법

    (1) 전략적인 양보를 하는 방법이다.

    (2) 영업실무자에게는 최소의 비용이 소요되는 조건을 준다.

    (3) 상대가 원하지 않는 것 혹은 원하는 것 중 일부를 제공
      가. "우리끼리니까 제가~을 양보해 드리지요."
      나. "그럼~을 양보해 드릴 테니 결정을……"
      다. "조건에는 없지만 특별히 제가~을 해 드리면……"

    (4) 때로는 고객에게 덤으로 무엇인가를 요구하라.

14) 투자 전환법 부담을 최소화하고 가치로 전환시킨다

    (1) 구매비용을 투자로 바꾸어 표현하라.

(2) 고객이 누리는 혜택, 이익을 강조하라.

(3) 추가가치 제안법

　가. 덤 주기의 한 방법

　나. 상품, 서비스의 가치를 강화 ➜ 복사기 ➜ 용지, 프린터 ➜
　　잉크

　다. 고객이 모르는 상품, 제품의 효용가치를 강조

15) 실수하기

의도적인 실수를 활용해 고객의 가격을 깎아 달라는 요구수준을 낮추기 위한 방법이다. 너무 자주 사용을 하면 고객이 파악을 할 수 있다. 그리고 진심성을 의심받을 우려가 있다.

(1) 수정된 것은 초기 제안보다 자신에게 유리해야 한다.

(2) "가격표 작성에 제가 실수해서…… 가격이 980원인데 970원으로 해서…… 정말 죄송합니다. 이것이 새롭게 수정된 가격표입니다."

(3) 초기 970원을 받기 위한 전술로 활용할 수 있다.

(4) 상대가 인정하지 않고 지난번 조건을 지켜야 한다고 요구하면 마지못해 수용하면서 다른 조건을 얻어내라.

16) 쿠션기법

어떠한 반론, 거부에도 인정하면서 출발하라.

(1) 인정하라.

- "충분히 그렇게 생각하실 수 있겠군요."

(2) 공감하라.

- "고객 입장을 이해합니다. 다른 고객들도 그렇게 생각합니다."

(3) 사례를 들어라.

- "하지만 실제 사용 후에는 전혀 다르다는 것을 아실 겁니다.~한 효과가 있기 때문입니다." ➜ 가치 강조

(4) 쿠션화법 사례

가. 그렇습니다. 요즘 같은 경기에 무척 힘들죠.

나. 네. 맞습니다. 저도 그렇게 생각합니다.

다. 네. 분명히 그럴지도 모르지요.

라. 네. 모든 분들이 처음에는 그렇게 생각합니다.

마. 네. 역시 그 점이 중요한 핵심이지요.

바. 네. 실제 사용의 편리함은 중요하지요.

4. 가격협상(홍정) 실전과 대응

1) 고객이 다른 사람 핑계를 댄다

영업실무자: 자! 어떻습니까? 제품에 대한 설명을 마쳤습니다.
고객: 예! 좋은 것 같군요. 제품이 집에 도움이 될 것 같기는 한데…… (망설인다)
영업실무자: 뭔가 문제가 있습니까?
고객: 사실 애기 아빠에게 이야기해 봐야 합니다.
영업실무자: 그럼 말씀해 보시기 바랍니다. 내일 뵙고 상담을 마무리하지요. 내일 오후에 다시 찾아뵙도록 하겠습니다.

> 다음날
> 영업실무자: 고객님! 애기 아빠에게 이야기는 하셨는지요? 반응은 어떠신가요?
> 고객: 예, 글쎄. 이야기했는데 가격이 부담된다고 하는군요. 현금 지불도 좀 어렵다고 하고요.
> 영업실무자: 그럼 어떻게 하면 좋을까요?
> 고객: 가격을 깎아야 할 것 같아요. 남편은 가격을 25% 정도 깎았으면 하는 눈치예요. 지난
>   달에 집안 수리로 목돈이 들어갔는데 그것도 아직 다 갚지 못한 상태에서 새 제품을
>   사려 한다고 화를 내기도 했어요.
> 영업실무자: 고객님! 어제 말씀을 드린 것과 이 제품을 사용하시면~한 문제를 해결해서 가
>   족의 편리함과 건강에 도움이 됩니다. 그 정도면 충분히 가치가 있지 않겠습
>   니까.
> 고객: 그러기는 하는데…… 워낙 애기 아빠가 고집이 세요. 어떻게 가격을 깎아 줄 수는
>   없나요? 그렇지 않으면 이야기해 봐야 소용이 없을 듯합니다. 회사에 한번 이야기해
>   보세요.
> 영업실무자: 그러지 말고 남편분을 설득해 보시는 게 어떻겠습니까?
> 고객: 설득해 보았죠. 그런데 도저히 그 가격에는 어렵다고 하네요. 도와주세요.
> 영업실무자는 다시 하루를 연기하기로 하였다. 다음 날 연락했지만 계속 남편 핑계를 대면
> 서 가격을 깎아 달라고 한다.

(1) 고객이 이렇게 나오는 원인

· 고객에게 실질적인 권한이 없다.

· 민감한 사안이라서 신중하게 결정할 필요가 있다.

· 보다 나은 조건으로 구매하기 위한 전술이다.

· 가치에 대한 확신이 부족하다.

· 늘 이렇게 구매해 가격을 깎았다.

· 결정을 위한 새로운 조건을 필요로 한다.

· 영업실무자의 협상(흥정) 파워를 떨어뜨리거나 협상(흥정)의 권
  한을 확인하려 한다.

(2) 효과적으로 대응하지 못하면 비용이 지불된다

고객이 자신의 남편 핑계를 대면서 계속 가격을 깎아 달라고 한다.
영업실무자는 고객이 알아서 자신의 남편을 설득해 주기를 바란다.

고객은 자신의 어려움을 영업실무자가 해결해 주기를 바란다. 즉, 가격을 깎아 주기를 바란다. 당연히 고객의 요구를 수용해 주면 가격을 깎아 주어야 한다. 물론 영업실무자나 조직이 바라는 바는 아니다.

(3) 대응

고객의 이러한 반응 원인을 찾아야 한다. 진짜로 고객에게 결정권이 없을 수도 있다. 이때에는 실제적인 힘이 있는 사람을 만나야 한다. 쉽게 고객의 말에 위축되지 마라.

- 남편을 소개시켜 달라고 한다. 진짜 원인이라면 소개시켜 줄 것이다. 그때는 고객을 설득하려 하거나 조건을 양보하려 하지 마라. 고객에게는 양보하지 않고 남편에게 양보하는 모습을 보여 주면 고객은 어떤 기분을 가질 것인가를 생각하라. 일단 고객이 원하는 모든 조건을 끌어내는 데 집중하라.
- 구매의사가 있는지 확인한다. 필요하면 남편님과 이번 거래에 관계된 사람들 앞에서 제품 시연을 할 기회를 달라고 한다. 이를 통해 거래의 가치(고객의 문제 해결과 이익)를 강조함으로써 설득할 수도 있다. 왜냐하면 고객의 내부보고 또는 전달능력에 한계 또는 부족한 부분이 있을 수도 있으니까.
- 영업실무자도 상사 또는 회사 핑계를 댄다. 고객의 요구조건을 다 들은 후 영업실무자도 상사 또는 회사와 협의하여야 한다고 하면서 대응하라.
- 핑계가 핑계일 뿐이라면 상대방의 개인적인 니즈를 자극한다. 즉, 고객이 걱정하는 부분들(구매의 결과, 자신의 입장 등)을 잘 파악한 후 해결할 수 있는 방법을 제시하여야 한다.

- 영업실무자는 영업 협상을 위한 시간적인 여유를 갖고 있다는 것을 보여 주어라. 따라서 고객에게 그럼 남편과 상의 후 내일 또는 다른 날 만나서 협의하자고 하라. 그 사이 영업실무자도 회사로 돌아와 대비하여야 한다.
- 다른 조건의 양보가 가능한지 파악한다. 배송비라든지, 설치라든지, 현금결제가 가능한지 등
- 이웃 또는 다른 고객을 언급하면서 고객의 체면을 살짝 자극한다.
- 고객들이 일반적으로 느끼는 불편함(사용법, AS기간 등)을 덤으로 제공하면서 고객을 설득한다.
- 샘플을 제공해 사용의 가치를 경험하게 한다.

2) 고객이 무리한 요구를 계속한다

고객인 이기세 씨는 영업실무자에게,
고객: 가격을 15%만 조정합시다. 서비스도 2년으로 하고요.
영업실무자: 고객님 가격 15% 할인은 저희 입장에서는 힘듭니다. 서비스 2년도 어렵습니다.
　　　　　그럼 가격을 조정할 수 있겠습니까? 그럼 제가 서비스 기간은 어떻게 해 보겠는데요.
고객: 서비스도 중요하지만 가격이 너무 부담됩니다. 제 입장에서는 15%는 깎아야 합니다.
영업실무자는 답답하다. 가격을 15% 깎아 주고 서비스 기간을 2년(기본은 1년)으로 하면 비용이 추가로 들어간다. 따라서 이 조건을 다 들어주면 20%의 가격을 할인해 주는 것과 같다.
영업실무자: 고객님, 가격을 15% 할인하는 것은 저의 쪽에서 너무 부담이 됩니다. 서비스도
　　　　　2년을 요구하시고요.
고객: 제품 품질에 대한 확신이 있다면서요! 그렇다면 서비스 기간은 문제가 되지 않지 않나요? 다들 그렇게 구매했다고 하던데요. 제 조건이 어려우면 저도 다른 조치를 취해야 할 것 같네요.
영업실무자는 갑갑하다. 상담하면서 제품의 품질을 과장되게 한 것이 이렇게 고객의 서비스 기간 연장으로 나오게 될지 몰랐다. 그리고 가격에 대해서는 고객이 너무 완고하다.

(1) 원인

고객의 스타일이 강경하고 경쟁적(이기적)이다. 부득이한 개인의 상황으로 이렇게 강경하게 나올 수 있다.

- 다른 경쟁사의 조건을 알고 있을 수도 있다.
- 이번 거래가 매우 중요하거나 아니면 중요하지 않을 수도 있다.
- 다른 대안을 갖고 있다.
- 고객은 늘 이런 식으로 협상(흥정)을 해 왔고 좋은 결과를 얻었다.
- 영업실무자의 말을 역이용하고 있다.
- 전략적인 고객이다.
- 영업실무자의 권한과 협상(흥정) 능력을 파악하기 위해서일 수도 있다.

(2) 효과적으로 대응하지 못한다면 비용이 지불된다

고객의 강경함에 영업실무자가 양보하거나 진다면 다음의 거래에서도 결코 영업실무자는 힘을 가질 수 없게 된다. 영업실무자가 양보를 시작하면 끝없는 양보를 고객은 요구한다. 물론 고객의 강경함에 영업실무자도 강경하게 대응한다면 위험부담이 너무 크다. 고객이 이번 거래를 신중하게 고려하고 있지 않다면 영업실무자의 양보는 아무런 가치가 없다. 고객은 자신이 대안을 갖고 있다고 말한다. 전형적인 책략이다. 어쨌든 영업실무자는 깎아야 직성이 풀리는 고객을 만났다.

(3) 대응

- 왜 이렇게 강경하게 나오는지 이유를 알아내라. 영업실무자는 다른 조건에 대한 이야기를 미루고 왜 요구하는 가격이 중요한지 질

문하라. 이 질문에 대한 답을 잘 듣고 고객의 입장을 판단하라. 특히 서비스가 중요한 이유를 확인하라. 서비스에 대해서는 불특정 사건의 발생이라는 법칙을 사용하라.

- 고객이 말하는 경쟁사 혹은 대안을 확인하라. 특히 대안(경쟁사 제품을 구매)의 가치를 판단해야 한다. 그 기업의 거래조건, 서비스 수준, 상품의 품질 등을 정확히 파악해 대응해야 한다.
- 쉽게 양보하지 마라. 상대가 아무리 강경하게 나오더라도 영업실무자는 먼저 양보하는 것을 대응 방법으로 사용해서는 안 된다.
- 채찍과 당근의 전술을 활용하라. 거래를 하지 못함의 불이익을 강조하라. 그러면서 고객의 궁극적인 혜택과 이익도 강조하라.
- 깜짝 놀라면서 그 조건에는 거래를 포기할 수도 있다는 것을 알려라. 영업실무자의 중요한 성과 중 하나는 판매마진의 확보라는 것을 기억하라.
- 영업실무자는 엄살을 피워 고객의 요구를 약하게 할 수 있어야 한다. 영업실무자는 회사의 어려움(저희 회사 사정이 어렵다, 도와주십시오, 제가 가진 힘이 한계가 있다, 상사를 설득하자면 ……) 또는 고객과의 관계(저는 고객님을 무척 좋아했는데……, 고객님이 이렇게 강경한 태도를 보일 줄은 상상을 하지 못해서……)를 활용해 고객의 감성을 자극해 요구수준을 누그러뜨려야 한다.
- 영업실무자는 다양한 의제들을 갖고 영업협상의 파이를 키우는 전술을 구사할 수 있어야 한다. 가격과 서비스 외 다른 조건(구매량, 구매빈도, 배송비 등)의 양보를 요구하라.
- 때로는 시간적인 여유를 갖는 것도 좋은 영업협상 전술이다. 고

객이 계속 자기주장을 밀어붙이면 뒤로 물러서서 기다려라. 대꾸하지 말고 그렇다고 고객의 말을 무시하지 말고 침묵을 지켜라. 이때 새로운 제안을 하지 말고 감정적인 반응도 보이지 말고 차분하게 고객과의 비즈니스를 진행하라.

- 고객의 요구가 자사 역량을 벗어난 것이라면(내부 협의를 거친 후) 다음에 자사의 역량이 강화되었을 때 다시 제안하기로 하고 우호적인 관계 유지에 집중하라.

- 업계관례 혹은 사회적인 근거를 제시하면서 고객의 요구가 무리한 것이라는 것을 고객이 알도록 하라. 그래서 스스로 요구수준을 철회하거나 낮추도록 하라.

3) 지난번 양보를 빌미로 또 다른 양보를 요구한다

영업실무자: 그럼 충분히 상품의 가치에 대해 이해하셨고 그 편리함에 대해서도 동의해 주셨습니다. 그럼 계약하시겠습니까?

고객: 네, 좋아요. 이번 거래에서는 가격을 10% 정도 할인해 주셨으면 합니다. 그리고 배송과 설치도 해 주시고요.

영업실무자: 가격을 10%나 깎으시면서 배송과 설치를 저희가 해달라고요! 그건 저희가 수용하기 어려운 조건입니다. 가격할인을 원하시면 배송과 설치는 직접 해 주셔야 합니다.

고객: 지난번 거래에서도 그렇게 하지 않았습니까?

영업실무자: 그때는 처음 거래라 저희 쪽에서 양보해 드린 것입니다. 그 사이에 원가도 올라갔기 때문에 그 조건에는 어렵습니다.

고객: 그렇지만 지난번의 조건과 같지 않으면 거래하기가 어렵습니다. 지난번에 저희 조건에 맞추어 주신 것과 같이 이번에도 그렇게 해 주시기 바랍니다.

영업실무자: 저희 사정도 고려해 주셔야지요. 너무 무리한 요구입니다.

고객: 그럼, 거래가 어렵다는 말씀이신가요? 지난번과 같은 조건이 아니라면 나도 다시 생각해 보아야겠네요.

영업실무자는 답답하다. 지난번에는 처음 거래를 시작하는 것이라 고객의 요구조건을 수용해 주었다. 그리고 그때는 이곳이 새로운 거래처라 회사에서도 양해해 주었지만 이번에도 이 조건으로 보고하면 상사로부터 질책이 있을 것이다. 고객은 자신의 주장을 번복할 생각이 없는 것 같다…….

(1) 원인

- 지난번의 양보는 양보의 가능성이 늘 있다는 것으로 고객은 해석했다. 지난번의 양보를 거래의 기본 조건으로 고객을 판단하고 있다.
- 고객은 항상 양보를 요구하면 수용될 것이라고 믿는다.
- 영업실무자는 항상 힘이 약하기 때문에 밀어붙이면 이길 수 있다고 믿는다.
- 영업실무자는 한 번의 양보가 다음의 양보를 부른다는 것을 몰랐다.
- 지난번 양보에 대해 고객이 계속 요구할 것을 전제로 한 협상(흥정)조건을 준비하지 못하였다.

(2) 효과적으로 대응하지 못하면 비용이 지불된다

고객과 처음 거래하려면 고객의 요구를 수용해 주어야 한다는 영업실무자의 생각이 스스로 발등을 찍는 결과를 가져 왔다. 이러한 상황을 지혜롭게 극복하지 못하면 앞으로의 거래에서 영업실무자는 힘들어질 것이다. 고객은 영업실무자의 협상스타일을 자신에게 유리하게 해석하고 이용한다.

(3) 대응

- 양보는 양보를 부른다는 것을 기억하라.

양보의 혜택을 보는 사람은 양보해 주는 사람이 항상 여유가 있을 것이라 생각하고 계속 양보를 요구한다. 양보는 더 나은 전략 또는 의제가 없다면 좋은 영업협상의 전략이 아니다. 양보해 줄 때는 이러한 비용을 계산하여야 한다.

- 지난번 거래는 영업실무자도 첫 거래였지만 고객 또한 첫 거래였다. 첫 이미지와 거래 스타일이 그다음의 거래에도 영향을 미친다. 너무 좋은 사람이 되려고 노력하지 마라.
- 양보를 할 때는 항상 그에 상응하는 무엇인가를 얻어내라.

협상(흥정)은 항상 조건(어떤 내용이든지)을 주고받는 것임을 명심하라.

고객이 양보를 요구할 때는 다른 조건을 요청하라. 고객이 말하지 않으면 영업실무자가 준비한 조건을 요청하여야 한다. 지난번의 양보를 좋은 무기로 사용할 수도 있다.

- 먼저 선수를 친다. 영업실무자가 먼저 지난번의 양보에 대한 대가를 요구하면 고객은 강하게 나오지 않을 것이다.
- '~이라면~을 해주시겠습니까?'이라는 영업협상의 전략적 표현(딤 주고받기, 교환전략)을 늘 사용하라.

영업협상을 할 때는 항상 상대가 자신을 위해 무엇인가를 줄 준비가 되어 있다고 생각하라. 협상을 아는 고객이라면 이 사실을 잘 이해하고 있다. 관건은 영업실무자가 정중하게 그것을 요청하지 않는다는 것이다. 항상 If~라는 단어를 습관적으로 사용하라.

- 고객은 항상 양보를 요구한다는 것을 인식하라.

이는 영업실무자가 기억해야 하는 것이다. 하지만 기억하는 것으로는 부족하다. 고객이 이러한 생각을 갖고 영업실무자를 만난다면 영업실무자도 이에 대응할 준비를 하여야 한다. 왜 영업실무자가 항상 양보하여야 하는가? 고객에게 양보하고 받아 간 계약서에 대해서 자신의 상사로부터 듣는 질책은 아무것도 아닌가? 그렇지 않을 것이다. 영업실무자는 누구를 위해 일하는가?

- 선례를 남기지 말라.

선례는 다른 상황에서도 적용된다. 자신에게 불리한 선례를 가급적 남기지 마라. 고객에게 항상 요구하면 수용된다는 생각을 갖게 해서는 안 된다. 고객에게 자신이 원하는 것을 얻기 위해서는 무엇인가를 주어야 한다는 생각을 갖도록 하여야 한다. 영업실무자들은 자신의 영업능력을 향상시키는 만큼 협상(흥정)능력도 배워야 한다.

- 상사 핑계를 대면서 고객이 요구하는 양보 수준을 낮춰라. 고객의 무리한 요구에 당황하거나 무력감을 갖지 마라. 판매마진의 수준은 조직과 상사가 결정한다. 영업실무자에게 권한의 한계를 둔 것은 이 마진 확보 혹은 보호를 위해서이다. 고객이 무리한 요구를 할 때는 조직 또는 상사 핑계를 대면서 적절하게 대응하라.

- 회사의 판매 조건과 규칙이 바뀌었다고 하면서 선례의 힘을 약화시켜라. 조직의 결정에 영향력이 없음을 알리면서 엄살 피우기를 하라.

1. 가격이 비싸다고 하는 것은 고객의 주관적인 판단이다.
2. 고객은 자신이 필요한 상품을 구매하기 위해서 예산은 항상 준비한다.
3. 고객은 자신의 구매력 부족으로 자신이 원하는 상품을 구매하는데 어려움이 있다면 나름의 해결책을 준비한다.
4. 영업실무자는 고객의 가격 깎기 전략에 흔들려서는 안 되고 의연하게 대처할 수 있어야 한다.
5. 고객의 가격 깎기 책략이 강할수록 고객은 그 대가를 지불할 준비를 하고 있다는 것을 영업실무자는 기억하고 활용해야 한다.
6. 모든 협상(흥정)은 Give & Take가 원칙이다.
7. 가격협상원칙과 기술들을 효과적으로 사용해 판매의 마진을 확보하라.

제3장

까다로운 고객을
지혜롭게 처리하라

전자제품을 판매하는 김상철 씨, 수차례 자신과 상담한 고객이 마치 의사 결정이라도 할 것같이 주말에 남편과 함께 방문해 지금까지 상담한 제품을 둘러본다. 김상철 씨는 드디어 판매에 성공할 수 있을 것이라는 기대감을 갖고 남편이라는 고객에게 상품 설명을 하는데…….

남편: 여보! 이게 당신이 말한 제품이야! (약간 짜증이 섞인 목소리다.)

부인: 그런데요, 왜요?

남편: 이것은 우리 집 거실 인테리어와 조화가 안 되잖아! 그동안 여러 번 검토를 했다면서?

부인: 그럼 어떻게요. 이 제품이 맘에 드는데.

남편: 그래도 그렇지. 가격도 만만치 않고, 이 물건을 거실에 들이면 너무 어울리지 않는데. 인테리어를 고친 지 얼마 되지도 않았고, 가격이라도 싸면 모를까!

김상철 씨는 이때다 싶어서……

김상철: 고객님! 이 제품은 특별할인을 해서 15% 정도를 깎아드릴 수 있습니다. 서비스로 ○○한 제품도 추가로 드리고요. (하면서 성급하게 가격을 깎는다. 하지만……)

남편: 그래도 그렇지. 안 되겠어. 다른 매장에 가든지 해야지. (하면서 출입구로 향한다.)

부인: 저기…… 가격을 20%까지 깎아 주면 안 될까요? 그럼 제가 어떻게 남편을 설득해 보겠는데…….

김상철 씨는 난감하다. 15%를 깎아 주겠다고 말한 것도 자신의 판매수당 중 절반을 포기하고 한 제안이었다.

김상철 사원은 어떻게 대응하여야 할까? 고객의 진심은 뭘까? 제3장에서는 이러한 까다로운 고객과의 협상(흥정)을 지혜롭게 진행하는 방법에 대해 알아보고자 한다.

1. 짜고 치는 고스톱에 대응하라

위의 사례에서와 같이 고객 중 한 명은 우호적이면서도 영업실무자를 도와줄 것같이 상담하고, 다른 한 명은 화를 내거나 무리한 요구를 하면서 영업실무자를 압박하는 상황에 영업실무자는 효과적으로 대응하지 못하는 것이 사실이다.

앞의 도입 사례와 같은 상황이 전개된다면 영업실무자는 어떻게 대응하는 것이 좋을까? 분명 고객의 남편이 상담해 온 고객에게 화를 내면서 영업실무자를 간접적으로 압박한다. 그리고 고객(부인)은 마치 영업실무자를 도와주려는 듯이 조금 더 양보해 주면 자신의 남편을 설득해 보겠다고 한다. 경험이 부족한 영업실무자인 경우 이때 고객(부인)의 요청을 승낙해 주는데, 이건 큰 실수이다. 고객이 이렇게 나올 때는 고객의 책략에 흔들리지 않고 의연하게 대처할 수 있어야 한다. 둘이서 다시 매장을 찾아올 정도의 고객이라면 충분히 구매의사가 있다고 판단해도 좋을 것이다. 이때는 고객(부인)의 요구에 답하지 않고 두 사람이 보이는 반응을 살핀다.

(1) 상대의 진정한 요구가 무엇인지 직접 파악하는 질문을 먼저 한다.
"남편 분이 왜 저렇게 나오시는지?", "집 인테리어는 어떤 색인지?", "인테리어는 언제 교체하였는지?", "다른 가전제품은 어떤 색인지?", "요즘 주부들 사이에서 가장 인기가 좋은 제품인데……", "직접 사용하시는 분의 의견이 더 중요하지 않겠습니까?" 등 질문을 하면서 고객의 이면을 파악한다.

(2) 선수를 친다. 고객의 책략을 무력화시키는 방법이다.
"저도 판매를 한 경험이 있어서 남편 분보다 더한 분도 만나 봤습니다. 저는 신경을 쓰지 않을 것이니 사모님께서도 신경 쓰지 않아도……. 언제까지 이 제품이 필요한지요?" 하면서 현안으로 들어간다.

(3) 고객의 반응에 따라 판매사원도 상사 핑계를 대는 책략을 활용한다.

2. 속임수에 대응하라

영업실무자는 오랫동안 거래를 위해 상담해 온 고객과 진지하게 상담을 진행한다. 고객의 욕구와 니즈를 찾아내고, 상품과 회사가 가진 해결안에 대해서도 논리적이고 설득력 있게 전달하였다. 고객도 중간에 궁금한 부분에 대해 적극적인 질문을 해서 상담이 상당히 부드럽게 진행되었다. 오늘은 마무리를 위해 고객을 방문한다. 고객을 만나 계약서를 두고 구체적인 협상에 들어가려 한다. 그러자 고객도 자신이 원하는 거래조건을 이야기하면서 영업실무자의 답을 기다린다. 그때 고객의 핸드폰이 울리고 고객은 전화를 받는다.

고객: (영업실무자에게 양해를 구하면서 수화기를 든다.) "아! 안녕하십니까? 요즘 일은 잘되고 있지요? 예! 내일 방문을 하신다고요? 몇 시에…… 그럼 그 시간에 뵙지요" 하면서 통화한다.

전화를 건 상대방과 전화를 끊은 고객은,

고객: "아! 미안합니다. ○○기업의 영업실무자인데 내일 만나자고 해서요. 어디까지 이야기했지요? 그렇군. 가격이 부담이 되는데요" 하면서 이야기한다.

영업실무자: (속으로 ○○기업은 경쟁사가 아닌가? 그쪽 영업실무자를 만나기로 하였다고? 그럼 고객은 양다리 걸치기를? 어떻게 하지…… 조금 전의 상황을 생각하면서 소심하게) "그렇습니다. 저희는 이번 계약 조건으로……" 하면서 다시 양보한 조건으로 대답한다.

고객: (영업실무자의 말을 들으면서 자신의 다이어리에 내일 방문하기로 한 기업과 담당자의 이름을 적는다.)

영업실무자는 이 상황을 어떻게 해석해야 할지 고민스럽다.

고객: "그 가격도 다소 부담이 되는데요. 다른 방법을 검토하든가 해야지……"라고 하면서 영업실무자의 마음을 아는지 모르는지 자신의 이야기를 한다.

당신이 이 상황의 영업실무자라면 어떻게 대응하겠는가? 고객의 약속은 사실일까? 그렇다면? 그래서 가격을 깎아 주었는데 사실이 아니라면? 영업실무자가 이것을 모른다면 다행일 수 있지만 나중에 통화내용이 사실이 아니거나 경쟁사 영업사원은 고객의 지인이어서 그냥 만나러 오는 것이라면?

고객은 다양한 방법으로 영업실무자를 압박하고자 한다. 때로는 선의의 거짓말을 하기도 한다. 영업실무자는 이러한 상황에 효과적으로 대처할 수 있어야 한다. 이런 고객을 만났을 때는 아래와 같은 방법이 효과적이다.

(1) 고객의 전술일 수 있다. 때로는 고객의 메시지를 무시하라. 영업실무자가 무덤덤하게 이 상황에 대응해도 아무런 문제는 없다. 그래야 전화내용이 진실이라고 하더라도 영업실무자는 자신의 상담에 집중할 수 있다. 고객이 계속 이 이야기를 하면서 영업실무자에게 압박을 가하면 영업실무자는 "왜 그 이야기를 계속하시는 것입니까? 조금 전 통화가 진짜라면 제게 원하시는 조건을 이야기해 주세요. 결정을 고객님이 하시는 것이니까! 요구사항을 말씀하시면 저희가……"라고 당당하게 대응하라.

(2) 가능하다면 진실 여부를 확인하라. 어려운 일이다. 하지만 이 진실 여부(최소한의 진실이라도)를 확인하지 않고 먼저 겁을 먹

고 양보하지 마라. 만일 진실이고 고객이 양다리 걸치기를 하고 있다면 인정하면서 "저희와 어떤 내용이 다른가요? 구체적으로 말씀해 주시면 저희도 새로운 제안을 하도록 노력하겠습니다."

(3) 영업실무자가 다른 비즈니스의 기회(대안-가망고객)를 많이 갖고 있다면 고객의 이러한 전술에 당황하지 않을 수 있다. 이를 위해 영업활동을 계획적이고 과학적으로 관리하고 준비하여야 한다. 영업실무자에게 필요한 가장 강력한 경쟁력 중 하나이다.

(4) 영업실무자는 자신의 기업과의 비즈니스가 얼마나 이익이 되는지 다시 한 번 고객에게 강조한다. 비교우위의 이익을 강조하라.

(5) 절대로 전화상에 나온 기업에 대해 험담을 하지 마라. 그렇다고 겁도 먹지 마라. 고객과 개인적인 관계가 있을 수도 있다.

(6) 고객에게는 영업실무자의 경쟁사와 만나는 것은 너무나 당연한 일이다. 그 이유도 많을 것이다. 이번 거래와 관련이 있을 수도 있고 없을 수도 있다. 미리 지레짐작을 해 스스로를 위축시키지 마라.

(7) 탐색적인 질문을 하라.

(8) 상대의 전술을 알고 있음을 알려라.
- "저라도 다양한 옵션을 두고 검토를……. 이번 계약에서 중요한 조건은 무엇인지요?"
- "충분히 이해합니다. 중요한 것은 고객님이 얻을 수 있는 이익과 구매비용의 균형일 것입니다. 자 그럼 본격적으로 얘기해 볼까요?"

- "솔직히 원하시는 조건을 이야기해 주시면 저희도 고민을 해보겠습니다."

3. 고객이 양자택일의 강경책략을 쓸 때

상담 중인 고객이 "가격을 15% 깎아 주든지 아니면 없었던 것으로 하든지 결정을 하십시오"라고 영업실무자에게 선택을 강요한다. 그러면서 더 이상 시간 낭비를 하지 않으려는 듯 "내일까지 연락을 주십시오"라고 하면서 자리에서 일어서 나간다.

고객은 자신이 구매자라는 우월한 입장을 협상(흥정)의 도구로 사용한다. 과연 고객이 원하는 것은 무엇일까? 고객은 영업실무자가 제안한 상품과 서비스가 필요한 것이 아닌가? 그런데 왜 저렇게 강경하게 나오는 걸까?

많은 영업실무자는 고객과의 협상(흥정)에서 자신의 힘에 한계가 있다는 것을 가장 힘들어한다. 그리고 고객의 요구를 어쩔 수 없이 수용해 주어야 한다고 생각한다. 이는 협상(흥정)의 전략과 책략을 모르고 내리는 결론이고 행동이다.

고객이 양자택일을 요구하면서 구매자라는 힘을 사용할 때는 이렇게 하는 것이 효과적이다.

1) 인내하고 인내하라

조급함을 버려라. 고객의 협상전술이 강경할수록 거래 성공의 욕구가 강하다는 반증이다. 여유를 갖고 고객의 이면과 요구를 파악해 하나씩 해결하라.

2) 협박에 의연하게 대응하고 역으로 이용하라

협박을 통해서 결코 원하는 것을 얻을 수 없다는 것을 알게 하라. 때로는 거래를 포기하는 듯한 반응을 보여라. 시간을 갖고 협상에 임하자고 하라.

3) 어부지리를 이용하라

구매협상(흥정)의 선물을 챙겨라. 고객은 자신이 원하는 조건의 거래를 위해 몇 가지 선물을 준비한다. 이것을 챙기도록 하라.
  (1) 추가구매
  (2) 확대구매
  (3) 상승구매
  (4) 추천
  (5) 입소문 및 구전효과
  (6) 지갑 점유율 확대 기회 제공 등

4) 상대의 패에 따라 적절한 카드를 제시하라

고객이 타협을 제안하면 타협으로, 교환을 제안하면 교환으로 맞대응하라. 시간 끌기를 하면 여유를 갖고 BATNA를 강조하면 분석을 하고 역대응하라.

5) 협상(흥정)의 안건을 선별하고 우선순위를 정하라

모든 거래조건이 동일한 우선순위와 중요도를 갖지는 않는다. 고객이 원하는 조건을 모두 발굴해 우선순위를 확인하고 적절하게 대응하라.

6) 협상(흥정)의 목표를 명확히 설정하라

협상(흥정)의 궁극적인 목표는 거래 성사이다. 고객과 거래 성사라는 공동의 목표(거래의 이익, 특히 고객이 얻는 이익을 중심으로)를 수립하라. 작은 조건 한두 개 때문에 공동의 목표를 망치지 말자고 말하면서 협상(흥정)에 임하라. 고객 또한 자신의 이익(거래조건)만을 주장하다 더 큰 이익(구매이유 충족)을 놓쳐서는 안 된다는 것을 알고 있다. 이것을 적절하게 활용하라.

7) 모든 낱낱의 사항을 서면으로 확인해 두라

고객과 상담하면서 주고받은 메시지를 메모하도록 하라. 고객이 나중에 딴소리를 못 하게 하는 방법이다. 중요한 메시지는 그때그때 확인하라. 상담을 마칠 때 상담에서 합의한 내용이나 주고받은 내용을 정리하라. 필요하다면 메모한 내용을 복사하거나 사진으로 찍어서 교환하라.

8) 갈등이 일어나면 제3자를 효과적으로 이용하라

고객과 협상하다 보면 예기치 않은 상황에 빠지거나 작은 오해가 갈등으로 확대되기도 한다. 고객과 갈등이 발생하면 상사 혹은 다른 관계자와 함께 협상을 전개하는 방법을 활용하라. 민감한 문제, 갈등을 야기시킨 문제들은 제3자가 이야기하도록 하라.

9) 기정사실화하라

고객이 이미 구매를 결정했다는 전제를 하고 구매 이후 고객이 얻는 이익을 강조하면서 고객의 결정을 촉구한다.

10) 자기가 원하는 선에 말뚝을 박아 놓고 상대를 설득하라 (벼랑 끝 전술)

영업실무자는 자신에 달성해야 하는 판매마진의 수준이 있다. 자신의 한계점을 분명히 설정하고 협상에 임하는 것이 좋다. 고객이 이 수준을 인정하도록 일관성 있는 메시지와 모습을 보여 주어야 한다.

4. 교착상태를 극복하라

보험상품을 판매하는 영업실무자는 이제까지 상담을 진행해 온 장기고객인 조경철 님과 마지막 협상(흥정)을 위해 조경철 고객을 방문한다. 지난번의 상담 내용으로 판단해 볼 때 오늘은 잘 하면 협상(흥정)이 마무리가 될 것 같다. 영업실무자는 기대하는 마음으로 오늘의 미팅을 준비했다. 영업실무자를 맞이하는 조경철 고객은,

조경철: "이번 건은 좀 더 시간을 두고 검토를 해야 할 것 같습니다."

영업실무자: (깜짝 놀라면) "무슨 말씀이신지……? 오늘 마무리할 것으로 기대를 하고 있는데요."

조경철: "그동안 유익하고 다양한 정보를 준 영업실무자님께 감사를 드립니다. 하지만 이번 가입 건은 저의 사정으로 더 이상 진행하기가 어려워요."

영업실무자: (청천벽력이다. 하지만 어쩌겠는가?) "이유가 무엇인가요? 이제까지의 노력이 너무…… 그러지 말고 다시 한 번 생각을 해보세요."

조경철: "그것은 제 개인 사정이라서요. 그리고 제안하신 조건도 나에게는 너무 부담되고 또 더 나은 새로운 방법을 알아보는 것이 좋다는 생각이 들었어요."

영업실무자: "그럼 조건을 지난번에 이야기하신 대로 해 드리면 어떨까요?" 하면서 영업실무자는 조건 때문에 그렇다고 생각하고 지난번에 고객이 요구한 조건을 수용하면서 자꾸 양보한다.

조경철: "다 좋으나 하여튼 더 이상 영업실무자님하고 이야기하기가 어렵군요" 하면서 자리를 정리한다.

왜 잘 진행되는 협상이 이렇게 교착상태에 빠지는 것일까? 고객의 요구가 무리한 것인가? 아니면 영업실무자의 협상능력 한계 때문일까? 영업실무자는 이러한 교착상태의 협상도 원만하게 원상 복구하는 능력을 갖춰야 한다. 우선 협상(흥정)이 교착상태에 빠지는 이유부

터 알아보도록 하자.

1) 협상이 교착상태에 빠지는 이유

(1) 파이가 고정되어 있다는 판단으로 교착상태에 빠진다. 파이는
협상에서 상호 이익이 되는 거래조건들의 합의 결과이다. 더 이
상 상대방과 협의할 거래조건이 없고 내가 손해를 봐서도 안 되
면 당연히 내가 더 많이 가져야 한다는 생각으로 협상이 진전되
지 않고 교착상태에 빠지는 것이다.

(2) 상대방에 대한 잘못된 선입견은 협상에의 참여를 거부하게 한
다. 상대가 너무 이기적이다, 상대가 무리한 속임수를 쓴다, 고
객은 다 비합리적이다, 영업실무자는 테크닉을 사용하며 말로
만 약속을 한다 등등의 선입견은 협상의 진전을 가로막는다.

(3) 협상(흥정) 의제가 모호해지고 합의되지 않은 상황에서 새로운
쟁점(거래조건)이 추가된다. 이미 테이블에 놓여 있는 거래조건
에 대해서도 합의가 되지 않는데 새로운 조건이 추가된다. 협상
테이블은 더욱 복잡해진다. 합의가 쉽지 않을 것 같다, 시간이
많이 걸릴 것 같다 등의 판단이 협상의 진행을 가로막는다.

(4) 상황의 급변으로 협상 테이블에 앉을 수 없다. 고객이든 영업실
무자든 내외부적인 상황은 언제나 변하기 마련이다. 이러한 변
화가 협상의 성공을 가로막는다.

(5) 서로의 입장 차이를 창의적으로 해결하지 못한다. 해결되지 않

는 문제는 협상의 가장 큰 걸림돌이 된다. 협상은 상호 목표의 상충 문제를 해결하는 것이다.

(6) 상대의 문제는 상대가 해결해야 한다고 생각한다. 협상에서 모든 문제는 함께 해결할 수 있다. 단 해결에는 조건이 붙겠지만 서로가 가진 문제는 각자 해결해야 한다는 좁은 시각은 상호 이익이 되는 협상의 걸림돌이 된다.

(7) 협상(흥정) 중 감정의 긴장상태가 고조되어 초기 입장을 고수한다. 어떤 이유인지 모르지만 상대의 감정이 격해진다. 격해진 감정은 표현의 절제를 하지 못하고 결국은 협상이 결렬될 수 있는 극단적인 상황을 초래한다.

2) 교착된 협상을 극복하는 방법

(1) 무엇인가를 변경하라

가. 협상(흥정) 장소를 변경하라.

나. 협상 의제를 다른 것으로 바꿔라.

다. 협상(흥정) 상대를 바꿔라. 이는 상대가 제안하도록 하라.

라. 필요하고 가능하다면 제3자를 개입시켜라.

마. 생각을 위한 휴식을 가져라.

(2) 합의를 할 이유를 찾아라

가. 지금까지 합의된 사항을 열거하라. 이때 고객이 얻는 이익을 고객이 볼 수 있도록 하라.

나. 서로의 목표를 확인하고 공동의 목표를 수립하라.

다. 상호 이익을 강조하면서 협상 테이블을 열어 두라.

(3) 창의성을 발휘하라

가. 처음부터 다시 시작하라.

나. 주요 쟁점을 다시 정리하라.

다. 주요 쟁점을 결합하거나 분리하라.

라. 멈추지 마라. 다시 만날 계기를 만들어라.

마. 상대도 고민할 수 있는 거리를 던져라.

바. 파이를 키워라.

사. 문제를 공유하고 공동의 해결책을 찾아라.

(4) 객관적인 메커니즘을 활용하라

가. 네가 잘라. 내가 먼저 선택할 테니! 결정과 선택을 순환시
켜라.

나. 봉인된 제안서 활용 – 서로의 새로운 제안을 기록하여 봉
투에 밀봉한 후 교환한다. 단 협상 중에는 절대로 봉투를
개봉해서는 안 된다. 서로가 양보한 조건이 봉인된 종이에
적혀 있다는 기대감이 협상에 영향을 미치게 한다.

다. 외부의 객관적인 기준을 가져온다. 업계의 표준, 법 등을
사용해 교착문제를 해결한다.

(5) 협상(흥정)의 주도권을 가져와라

가. 오늘 모든 것을 결정하려 하지 마라. 차이만 확인하라.

나. 쟁점을 추가하거나 제거할 수 있다는 가능성을 타진하라.

다. Why기법을 활용하라.

라. 손실의 틀을 이득의 틀로 전환하라 ➡ 상대가 잃을 기회비용을 이익으로 전환하는 방법을 제안하라.

마. 상대의 요구를 기회로 만들어라. ➡ If~법 활용하라.

바. 장기적인 이해관계를 강조하라.

5. 까다로운 고객을 상대하는 원칙

(1) 상대의 반응을 개인적으로 받아들이지 마라.

(2) 상대의 행동과 말에 감정적이 되지 마라.

(3) 항상 만반의 준비를 하라.

(4) 속도를 늦추고 여유를 가져라.

(5) 상대가 분노하면 이렇게 대처하라.

 ① 기다려라.

 ② 이유를 찾아라.

 ③ 맞대응하지 말고 현안에 집중하라.

(6) 우회하는 법을 배워라.

 ① 상대가 받는 압박을 이해하라.

 ② 상대의 걱정을 인정해 주라.

 ③ 상대의 체면을 세워 주라.

(7) 항상 주제, 현안, 문제에 집중하라.

(8) 상대가 당신의 능력과 경력에 대해 칭찬하면

① 양보를 얻기 위한 책략이다.

② 고맙다고 하면서 현안에 집중하라.

③ 목표에서 초점을 떼지 마라.

(9) 상대가 당신의 제안에 당황해 하면서 어쩔 줄 몰라 하면

① 수정된 제안을 먼저 하지 마라.

② 그들을 이해하고 사태가 진정될 때까지 기다려라.

6. 협상의 갈등해결

이제까지 수차례 만나 상담을 전개한 고객이,

고객: (화를 내면서) "어떻게 이런 조건을 제시합니까! 실망했습니다. 저를 어떻게 보고 이런 제안을 하는 겁니까!"

영업실무자: "무슨 말씀이신지요? 자세히 설명을 해 주세요."

고객: "아니! 좋은 조건이라고 하면서 다른 회사 조건과 차이가 없잖아요! 오히려 가격만 더 비싸고 서비스도 없고 이게 뭡니까? 나를 놀리는 겁니까?"

영업실무자: "구체적으로 어떤 조건이 맘에 들지 않는지, 그리고 다른 회사는 어디를 말하시는 것입니까?"

고객: "그건 알건 없고, 아무튼 이대로는 못 합니다. 이 정도 권한을 갖고 있을 것으로 기대했는데 실망했습니다. 아무튼 다시 제안을 하든지 아니면 말든지 마음대로 하세요" 하면서 화를 내고 더 이상 말하려 하지 않는다.

협상을 진행하다 보면 사소한 차이와 감정으로 갈등이 발생한다.

협상은 상호 목표의 상충을 해결하고 합의를 하는 과정이라고 정의하였다. 따라서 협상 중에 갈등이 발생하는 것은 어쩌면 당연한 것이다. 영업실무자는 협상 중 이러한 갈등이 발생하였을 때 이를 효과적으로 해결할 수 있는 기술을 갖춰야 한다.

1) 갈등 해결의 순서

(1) 1단계: 상호 간의 긴장감을 줄이고 적대감을 완화하라

가. 동의와 인정을 구분하라. 고객의 메시지를 항상 인정하라. 인정의 반응은 상대방의 의견이 존중받는 다는 것을 보여 주는 것이다.

나. 완충적인 표현으로 사실을 확인하라.

- "고객께서는 이 문제를 그렇게 보시는군요!"
- "다시 생각해 보면 서로가 추구하는 목표 달성이 가능할 듯 한 데요."
- "충분히 이해합니다. 그럼 중요한 쟁점은……."

(2) 2단계: 서로에 대한 이해도를 높여라

가. 역할 바꾸기를 하라.

나. 상대의 입장과 갈등의 결과를 상상하라.

다. 상대의 생각을 노출하도록 질문하라.

- 탐색질문을 하라.
- 정보를 파악할 수 있는 질문을 하라.
- 생각을 하도록 하는 질문하라.

- "왜 그렇게 생각을 하는지?"
- "원하는 것이 있는지? 있다면 그것이 무엇인지?"
- "이 정도의 가치를 다른 제품 혹은 회사가 지원해 준다고 생각하는지?"

(3) 3단계: 논의하고 있는 쟁점(거래조건)을 재점검하라

가. 필요하다면 참여자의 수를 줄여라.

나. 실질적인 쟁점의 수를 중요도에 따라 줄여라.

다. 쟁점을 구체적인 숫자로 표현하라. 애매한 해석을 사전에 방지하라.

라. 객관적인 시각으로 협상(흥정)을 바라보라.

마. 큰 쟁점은 세분화하라.

바. 선례에 구속받지 마라.

사. 상대의 이면과 욕구를 파악하라.

(4) 4단계: 합의의 근거를 찾을 수 있는 공통점을 확립하라

가. 공통의 상위목표를 만들어라.

· 상대가 얻는 이익을 강조하라.

나. 공통의 적에 대항하라.

· 상대의 문제를 파악하고 공동으로 해결하라. 문제 해결의 이익을 교환으로 전환하라.

다. 협상(흥정)의 틀을 다시 수립하라.

· 절차, 횟수, 참석자 등 협상을 다시 시작하라.

(5) 5단계: 바람직한 대안과 선택안을 공유하라

　　가. 상대가 긍정적인 답을 하는 제안을 하라.

　　나. 채찍보다는 당근을 제안하라.

　　다. 합의를 위한 객관적인 기준을 갖고 평가하라.

7. 협상 상황 대응법 – 다양한 고객의 메시지에 대응하라

영업실무자가 고객과 협상(흥정)을 하는 중간 중간에 고객은 다양한 반응과 메시지로 영업실무자를 곤경에 빠뜨리거나 궁지로 몰아세우는 전술을 펼친다. 이러한 고객의 의도에 많은 영업실무자들은 당황하거나 지혜롭게 대처하지 못한다. 여기서는 영업실무자가 경험하는 다양한 고객의 반응에 효과적으로 대처하는 방법에 대해 알아보도록 한다.

(1) 고객: '제 입장에서는 그렇게 빨리 구매를 결정할 이유가 없군요.'

　　· 어떤 변화가 생겼습니까?

　　· ~한 문제를 그대로 두어도 좋다는 말씀이신지?

　　· 그럼 구매시기는 언제쯤으로 생각하세요?

　　· 그럼 검토를 하신 목적은 무엇인지요?

　　· 저 역시 그렇게 생각합니다. 천천히 검토하시고 연락 주세요. 참고로 이번 특별이벤트는 이번 주에 종료가 됩니다.

(2) 고객: '제가 제안한 조건의 수용이 어렵다면 거래를 다시 고려해 봐야 할 것 같습니다.'

· 제가 저희 지점장님을 설득할 수 있도록 지침을 주시면 좋을 것 같습니다.

· 만일 A를 H로 해 주신다면 어떻겠습니까?

· 충분히 인정합니다. ~한 기회를 놓치시면 한참을 기다리셔 야 되는데요.

· 조건의 합의가 되면 결정을 하시겠습니까?

(3) 고객: '저의 상황이 급변하여 제안하신 조건으로는 결정하기 어 렵게 되었네요.'

· 어떤 변화가 있으신지요? 이번 거래로 그 변화에 효과적으로 대응할 수 있다면 생각해 보겠습니다.

· 어떤 조건이 부담이 되시는지 말씀해 주세요.

· 받아들이기 어려운 조건은 무엇인지 말씀해 주시면 저희도 고려를 하겠습니다.

· 변화를 보상할 조건이 있는지요?

(4) 고객: '그 정도의 권한도 없이 영업을 하십니까?'

· 예! 저희 회사 방침입니다. 하지만 S를 양보해 주시면 한번 보 고를 드려보겠습니다.

· 그 조건은 제 권한을 벗어난 것이라 상사에게 보고를 해야 합 니다.

· 가격을~까지만 양보해 주신다면 제 권한을 최대로 사용해서

어떻게든 상사께 긍정적으로 말씀드려 보겠습니다.

- 제가 가진 권한이 중요한 것은 아닙니다. 고객께서 이번 거래로 얻는 이익을 보면…….
- 그러니까 저를 좀 도와주십시오.

(5) 고객: '그것은 제게 너무 부담이 되네요. 견적을 다시 한 번 뽑아 보는 게 좋겠네요.'

- 어떤 부분이 부담이 되시는지 말씀해 주세요. 원하는 수준을 말씀해 주셔야 저희도 고려할 수 있습니다.
- 구체적인 요구조건은 무엇인지?
- 만일 K를 U로 해주신다면 시간 절약을 위해 생각해 보겠습니다.
- 견적을 다시 준비하는 데 2일이 소요되는데 괜찮으신지요?
- 우선 상품을 먼저 설치해 드리면 어떨까요?

(6) 고객: '정말 기대 밖이네요. 융통성 있게 말해 봅시다.'

- 어느 정도를 예상하셨는지요?
- 그럼 처음부터 다시 시작을 해봅시다.
- 저희가 융통성을 보여 준다면 그에 대한 보상은 무엇입니까?
- 저희 입장에서는 최선의 조건입니다. 더 이상을 요구하시면 뭔가 제게도 납득이 되는 조건을 양보해 주셔야 합니다.

(7) 고객: '제 예상과 너무 차이가 나는군요. 제가 준비한 지출 범위를 훨씬 벗어났네요.'

- 어느 정도를 예상하셨는지요?

- 누가 결정권을 갖고 있는지요?
- 이 제품은 이 정도 가격이 기본입니다.
- 만일 N을 NF로 해주신다면 다시 고려를 해보겠습니다.
- 조건이 합의되면 당장 결정할 수 있으신지요?
- 그럼~조건을 제외하면 가능하겠습니까(보험이나 투자 상품)?
- 준비하신 예산으로는~상품보다는~상품을 검토하시는 것이 좋을 듯합니다.

(8) 고객: '더 잘 해주실 거라고 생각합니다. 더 좋은 가격을 원하고 있습니다.'
- 어느 정도 수준을 원하시는지요?
- 그럼 보상으로 무엇을 양보할 수 있으신지요?
- 무엇을 어떻게 해드려야 만족하시겠습니까?
- 이 조건이 최선입니다. 이 조건이 힘들면 거래가 어렵습니다.
- H를 P로 조정이 가능하다면 어떻습니까?

(9) 고객: '아시다시피 돈이 빠듯합니다. 따라서……'
- 결정권을 가지신 분이 누구십니까?
- 최근 예정에 없던 긴급구매를 하셨는지요?
- ~한 이익을 위해 이건 어떠신지요?
- 그럼 다음에 준비가 되시면 하시겠습니까?
- 계획에 의한 구매가 아니었는지, 그럼 돈을 마련하셨을 텐데요. 왜 돈이…….
- 가격 문제를 도와드리면 무엇을 주실 수 있는지?

・그럼 준비하신 예산에 맞는 ○○제품으로 하시는 것이 어떨까요?

(10) 고객: '지금 현금으로 지불하면 어떻게 해주시겠습니까?'

・원하시는 것이 있는지요?

・감사합니다. P를 G로 해 드리면 어떻겠습니까?

・가격 말고 다른 원하는 것이 있는지요?

(11) 고객: '우리에게는 무리인 것 같습니다. 정말 무리입니다.'

・무엇이 무리가 되는지요?

・어떤 조건의 협의가 필요한지요?

・어느 정도를 기대하셨는지?

・그럼 아까 말씀하신 p를 N으로~가능하시면……

・~을 직접 하시겠다면 어느 정도는 가능합니다.

・이 상품을 이 정도의 준비 없이 구매를 하기는 어렵습니다.

(12) 고객: '그것보다 더 잘 해주실 것이죠?'

・저희가 드릴 수 있는 최선의 조건입니다. 이 이상은 저희에게도 무리가 있어요.

・무엇을, 어느 정도를 원하시는지요?

・저도 그러고 싶은데 제 권한이 여기까지라서요.

・그럼 상사에게 보고를 해서 가능한지 알아보겠습니다.

・그럼 L을 JK로 해 줄 수 있으신지요?

(13) 고객: '수용할 수 없네요. 그 제안에 실망했습니다.'

- 그래서 협상(흥정)을 하는 것입니다.
- 상호 이익이 되는 부분이 있을 것입니다.
- 무엇을 어떻게 바라시는지요?
- 그럼 KH를 OP로 가능하시다면 생각해보겠습니다.
- 수용할 수 없는 조건이 무엇인지 말씀해 주세요. 실망하셨다면 어느 정도를 원하셨는지 말씀해 주세요.
- 그렇다면 저희도 더 이상은 어렵습니다.

(14) 고객: '제가 남편에게 이야기할 수 없습니다. 좋아하지 않을 것입니다.'

- 그분은 어느 정도를 원하는지요?
- 그분을 만날 수 있는지요?
- 무엇을 도와드리면 그분을 설득하실 수 있습니까? 그럼 K를 G로 교환하여서 해드리면 어떨까요?
- 진짜로 구매 의사는 있으신지요?
- 다른 분들은 직접 이 조건으로 구매하시는데요.
- 그래도 남편께서는 고객님의 의견을 따르지 않나요?
- 직접 사용하실 건데 사용하는 분의 의견이 더 중요하지 않겠습니까?
- 저도 이 조건을 벗어나면 상사에게 보고해서 허락을 받아야 하는 상황입니다.

(15) 고객: '좀 인색해 보여요.'

- 저희 입장에서도 최선의 제안입니다.
- 어쩔 수 없습니다. 저의 한계입니다.
- 왜 그렇게 느끼시는지? 어느 부분이 인색해 보이는지 말씀해 주세요.
- 그래서 협상(흥정)을 하는 것이 아닙니까? GHF를 PLK로 변경이 가능하다면 생각해 보겠습니다.
- 정말로 원하신다면 회사에 보고해 보고 고객님도 고민을 해보시는 것이 좋을 것 같아요. 내일 다시 만나서 얘기해요.

(16) 고객: '저와 겨우 이런 거래밖에 할 수 없습니까? 단골고객이 좋다는 것이 뭡니까?'

- 중요한 고객이시기 때문에 JKH를 PO로 변경해서라도 이 가격에 드리려는 겁니다. 그래서 줄이는 구매비용의 절약 정도는~큼입니다.
- 다른 어느 분에게도 이 조건으로 판매한 경험은 없습니다.
- 단골이시기 때문에 지난번보다~을 덤으로 드리는 것입니다.
- 그럼 구매물량을 추가로 하시겠습니까?
- 저도 상사의 질책을 각오하고 이렇게 드리려고 하는 것입니다.
- 더 많은 구매를 하신다면 생각해 보겠습니다.

(17) 고객: '별로 내키지 않네요. 대안이 있어야겠습니다.'

- 무엇이 문제인지요?
- 어떤 대안을 원하시는지요?

· 그럼 처음부터 다시 시작을 해 봅시다.

· 상품의 가치문제입니까? 구매조건입니까?

· 그럼 천천히 협상하도록 하지요. 저도 다른 약속이 있어서요.

(18) 고객: '우리의 의사소통에 문제가 있어 보입니다. 아마~에 오해가 있는 것 같습니다.'

· 그 부분을 어떻게 이해하셨는지요?

· 왜 그런 오해가 발생했을까요?

· 저희는~하게 예상하고 그렇게 말씀드린 건데 그럼 어떤 해결책이 좋을까요?

· 다시 하나씩 검토해 보도록 하지요. 먼저……

(19) 고객: '얼마까지 해 주시겠습니까? 가격을 달리 제안해 보세요.'

· 어느 정도를 원하시는지요?

· 가격이 조정되면 이미 합의 본 다른 조건들도 조정을 해야 합니다.

· 따라서 가격을 K에서 J로 해드리면 결제를 S에서 B로 해야 가능합니다.

· 정말로 가격이 중요합니까? 가격만 합의되면 결정하시겠습니까?

· 다른 분들은 두말없이 모두 이 조건으로 하시는데요. 물론~을 양보해 주시는 분들도 계시지만요.

(20) 고객: '저에게는 특별한 거래가 필요합니다.'

· 어떤 특별한 거래를 기대하셨는지요?

- 저희 입장에서는 그것이 최선의 조건으로 해드리는 거예요
- 특별한 거래로 제가 얻는 이익은 무엇일까요?
- 그럼~을 양보해 주실 수 있나요?
- 더 이상의 특별한 거래를 원하시면 다른 상품을 생각해 보시는 건 어떨까요?
- 이 이상을 위해서는 저는 권한이 없기 때문에 제 상사와 직접 만나서 얘기해 보시는 게 좋을 듯합니다.

(21) 고객: '저는 거기에 동의할 수 없습니다.'
- 어떤 부분에 동의할 수 없으신지요? 이유를 말씀해 주세요
- 어떻게 하면 좋을까요? 지침을 주시면 저도 고민을 하겠습니다.
- 이미 합의를 본 것으로 알고 있는데요. 다시 언급하시는 이유는요?
- 어떤 변화가 발생하였는지요?
- 다른 분들보다 구매력이 좋으신 것 같은데 무엇이 부담되시는지요?

(22) 고객: '저 좀 도와주세요.'
- 지금도 최선을 다해 도와드리고 있습니다.
- 어떤 도움이 필요한지 말씀해 보세요.
- 제(영업실무자) 입장도 생각해 주세요.
- 도와드리면 보상으로 KU를 HT로 해 주실 수 있는지요?
- 그럼 나중에 여유가 생기셨을 때 다시 만나서 얘기하시는 건

어떨까요?

(23) 고객: '그렇다면 이번 거래를 재고해 보는 것이 좋을 듯합니다.'
- 어느 부분에서 재고를 원하시는지 말씀해 주세요.
- 저도 상사에게 보고해야 할 부분이니 원하는 수준을 말씀해 주세요.
- 저도 상사를 설득할 수 있는 조건을 말씀해 주세요.
- 그럼~한 불편함이 지속되어도 감수하시겠어요?
- 어디를 혹은 어떤 제품을 대안으로 고민하고 있으신지요?
- 아직 시간적인 여유가 있습니다.

1. 고객이 까다롭게 구매하는 것은 고객 입장에서는 당연하다.

2. 영업실무자는 고객의 까다로운 구매 행동에 중심을 잃고 흔들려서는 안 된다.

3. 항상 고객의 행동 이면을 파악하도록 하라.

4. 때로는 거래를 포기하는 듯한 행동은 고객에게 큰 영향을 미친다.

5. 고객의 다양한 까다로움은 영업실무자의 역량을 점검하는 것이다.

6. 고객과 협상이 잘 진전이 안 될 때는 조급함을 버리고 문제 해결에 집중하라.

7. 고객과의 이견 차이는 거래조건의 차이일 뿐이다.

8. 협상과정에는 늘 갈등이 존재한다. 이 갈등이 협상의 결과에 영향이 미치지 않도록 하라.

9. 고객은 때로는 작전상 선의의 거짓말을 한다. 영업실무자는 고객의 이런 책략에 적절하게 대응할 수 있어야 한다.

제4장
고객의 다양한 책략에 대응하라

어느 젊은 사업가가 일간지 신문에 난 광고를 보고 주택용지에 투자하기로 결정했다. 현지의 땅을 부동산 업자와 함께 방문한 뒤 그는 부동산업자로부터 그 땅을 사려는 사람이 많아 경쟁이 무척 심하다는 소리를 귀띔으로 듣게 되었다. 왜냐하면 그 지방에서 그 택지 주변을 개발할 계획을 갖고 있기 때문이라고 했다. 그 젊은이는 그 말을 믿지는 않았지만 그래도 관심을 갖기로 했다.

부동산업자의 사무실로 되돌아와 상담을 계속하던 중 어떤 사람이 급히 들어와 그들의 대화를 가로막더니 마침 지금 상담 중인 땅을 사겠다고 하면서 그 지역에 주택을 몇 채 지으려고 한다고 했다.

부동산업자는 지금 상담 중이니까 상담이 끝나면 이야기할 테니 잠시 기다려 달라고 했다. 그러자 그 사람은 자신은 땅 구매에 필요한 자금을 은행에서 대출받아 모두 준비되어 있다고 말했다.

이 소리를 들은 젊은 사업가는 다급해졌다. 그 땅을 산 후 개발이 시작되면 자기도 개발이익을 얻게 될 판이었다. 더욱이 그 땅을 사기 위한 경쟁이 얼마나 치열한가를 알게 되었다. 젊은 사업가는 그 땅 구매를 위한 상담을 자신이 먼저 시작했고, 곧 계약서를 작성할 것이라고 말하면서 부동산업자에게 계약서를 쓰고 선금을 지불하겠다고 최종 의사표시를 했다. 나중에 온 사람은 실망하는 빛이 역력했지만 어쩔 수 없음을 알고 하는 수 없다고 하면서 다른 땅을 사기 위해 사무실을 나갔다.

그러나 그것은 오산이었다. 1년이 지나도록 그 지역은 택지개발을 하는 기미조차 보이지 않는 것이었다. 무엇이 잘못된 것일까? 어떻게 대응하였어야 했는가? 무엇을 파악하여야 하였는가? 고객이 자신의 손실(개발이 지연되거나 되지 않았을 때)을 만회하거나 상대방의 진실성을 판단하는 방법은 없겠는가?

1. 고객의 책략과 대응 방법

이번 장에서 알아보는 영업협상의 전술들은 협상 테이블에서 상호간 활용할 수 있는 협상의 전술(책략)이다. 고객은 아래의 전술을 대부분, 자주 활용한다. 영업실무자 또한 아래의 전술을 활용할 수 있어야 한다. 관건은 고객이 사용하는 전술들의 내용을 파악할 수 있어야 한다는 것이다. 그다음으로 각 전술에 대한 적절한 대응능력을 갖추어야 한다. 다양한 협상의 전술을 활용하는 것은 곧 서로가 원하는 목표에 가깝게 협상을 마무리 짓고자 하는 의도에서이다.

다음의 전술들은 영업협상에서 많이 활용되는 전술들이다. 각각에 대한 설명과 활용법 그리고 고객의 전술 사용에 대한 대응 방법을 알아보기로 한다.

1) 고객이 원하는 것 이상을 요구할 때

(1) 의미

제시되거나 제안된 협상(흥정)의 조건들에 대해 무리한 요구를 하는 것이다. 고객의 경우 영업실무자가 제안한 판매조건에 대해 영업실무자가 추측한 수준을 벗어나거나 수용할 수 없는 무리한 요구를 고객이 하는 것을 말한다. 이는 고객이 원하는 희망수준에 가깝게 협상(흥정)의 결과를 얻으려는 전술이다. 그리고 Anchoring 효과를 노리기 위해서 사용하기도 한다. 즉, 제안의 원칙은 "기대치를 높게 잡아라"를 활용하는 전술이다.

(2) 활용

영업실무자 또한 자신의 영업이익률을 보호하기 위해 고객이 기대하는 이상을 제안할 수 있어야 한다. 사실 고객에게 처음 제안하는 판매조건이 이 전술을 활용하는 것이다. 고객의 입장을 생각해, 좋은 사람이 되기 위해서 혹은 판매성과에 다급해 처음부터 거래조건 특히 가격을 깎아 제안해서는 안 된다. 이 전술을 사용하면 고객이든 영업실무자든 다음의 이익을 얻는다.

    가. 협상(흥정)의 여지가 생긴다. 조건의 차이가 날 때 협상(흥정)의 의지(자기에게 유리하도록 하고자 하는)가 생기고 결과에 상호 만족(충분한 타협과 교환으로)할 수 있다.

    나. 때로는 영업실무자의 요구대로 고객이 구매한다. 혹은 고객도 자신의 요구대로 구매할 수 있다.

    다. 영업실무자가 판매하는 제품, 서비스의 가치를 높일 수 있다.

라. 승자의 저주에 빠지지 않는다. 영업실무자의 높은 제안을 고객이 그대로 수용할 때 영업실무자는 상당히 당황스러워진다. 고객 또한 자신의 낮은 제안을 영업실무자가 흔쾌히 받아들이면 승자의 저주에 빠진다.

마. 상대가 이겼다는 느낌을 줄 수 있다. 고객도 영업실무자도 상대의 초기 제안조건보다 자신에게 유리하게 구매 혹은 판매를 하면 협상(흥정)에서의 성취감을 느낀다.

(3) 대응 방법

고객이 무리한 조건을 제안하면 아래와 같이 하는 것이 효과적이다.

가. 사회적인 증거 업계 관례를 강조하라.

나. 상대의 양식에 호소하라.

다. 상대가 무리한 요구를 하면 그 조건이 중요하다는 것의 간접적인 표현일 가능성이 높다. 그리고 그 조건의 수준은 항상 움직일 수 있다는 것을 기억하고 활용하도록 하라.

라. 상급자 핑계를 대라.

마. 교환 혹은 조건부 제안을 하라.

바. 타당한 근거를 요구하라. 고객이 무리한 요구를 할 때 왜 그렇게 요구하는가 근거를 물어라.

사. 당근과 채찍을 사용하라. 무리한 요구로 잃게 될 거래의 이익을 강조하라. 역으로 합의를 통해 얻게 되는 이익을 강조하라.

2) 등거리 전술을 펼칠 때

(1) 의미

등거리의 의미는 원하는 조건의 두 배를 제안하는 것이다. 예를 들어 가격을 5% 깎는 것이 목표일 때는 그 두 배인 10%를 제안하는 것이다. 협상(흥정)을 진행하면서 양보를 하더라도 자신의 목표인 5%를 보호하기 위한 전술이다.

(2) 활용

영업실무자는 고객의 제안을 그대로 믿어서는 안 된다. 영업실무자 또한 자신이 원하는 목표수준을 보호하기 위해 위임받은 수준의 절반을 양보 혹은 제안하는 방법으로 활용할 수 있다. 이 전술의 효과를 극대화하기 위해서는 먼저 제안을 하는 것이 좋다.

(3) 대응 방법

    가. 고객이 영업실무자가 제안한 가격에 10% 정도를 깎아서 역제 안을 한다. 영업실무자는 가격을 7% 이상(영업실무자의 이탈 수준) 깎을 수 없다. 협상의 가능 범위가 보이지 않는다. 이때 이 등거리 법칙을 활용(10%의 절반을 빼는)해 고객이 원하는 수준은 5% 정도라고 추측하고 협상(흥정)을 전개하라. 이때 협상 가능 범위는 5~7%가 된다. 협상에서 누가 힘을 갖는가? 누가 협상능력이 우수한가에 따라 합의가 될 것이다. 고객이 협상을 잘 하면 7%에 가깝게 결정이 될 것이고, 영업실무자 가 유리하다면 5%에 가까워진 수준에서 결정될 것이다.

나. 전략의 성공을 위해서는 먼저 제안하는 것이 유리하다. 이
때 영업실무자는 자신의 목표와 희망수준 그리고 이탈수준
을 분명히 정해 놓아야 한다.

3) 모든 조건을 다루면서 시간을 끌 때

고객이 협상(흥정)을 하면서 계약서의 모든 조건 하나하나를 검토
하고 그 조건의 타당성을 꼬치꼬치 묻는다. 다음의 질문을 하면서 시
간을 질질 끌고 영업실무자를 지치게 한다.
- 이 조건의 의미는? 자세한 설명을 해 달라.
- 이 단어의 의미는?
- 어떻게 이런 조건이 가능한가?
- 누가 이런 조건으로 구매를 하는가?
- 이유가 무엇인가?
- 근거가 있는가?
- 자료를 제시해 달라. 등

(1) 의미
영업실무자는 어떤 고객이든 거래를 성사시키는 데 시간을 오래
끌고 싶어 하지 않는다. 왜냐하면 다른 고객과도 영업활동을 전개해
야 하기 때문이다. 때로는 고객이 이 사실을 알고 의도적으로 계약서
의 모든 조건들을 협상(흥정)의 쟁점으로 올려 영업실무자의 기회비
용과 매몰비용을 극대화시켜 협상(흥정)을 자신에게 유리하게 기울도
록 하기 위해 사용하는 전술이다.

(2) 대응 방법

　　가. 고객이 모든 조건을 다루고자 할 때는 '업계의 관례다', '누구나 다 그 조건들은 받아들인다' 등 사회적인 증거로 협의할 조건들의 수를 줄여라.

　　나. 그래도 고객이 계속 주장하면 시간을 갖고 천천히 협의를 하자고 하면서 영업실무자도 '시간 끌기 전술'을 활용한다.

　　다. 양보, 타협, 교환의 가능성을 파악한다.

　　라. 여유를 가져라.

　　마. 논리성을 준비하라.

　　바. 계약서의 내용이 많으면 고객이 검토하도록 별도의 시간을 제공하라.

4) 고객이 엄살 피우기 전술을 사용할 때

(1) 의미

고객이 영업실무자가 제안한 판매조건의 내용을 보고 자신의 '구매예산이 부족하다', '조건이 너무 무리가 된다', '기대를 벗어난 조건이다', '이대로는 남편에게 이야기할 수 없다', '도와 달라' 등 표현을 하면서 협상(흥정)에 임하는 전술을 말한다. 물론 목적은 영업실무자에게 가격을 깎아 달라기 위해 엄살을 피우는 것이다.

(2) 활용

영업실무자 또한 고객의 제안에 대해 엄살 피우기 전술을 활용할 수 있어야 한다. 고객이 제안한 조건의 수위를 낮추거나 조절하기 위해 사용하는 것이 좋다. 반응의 방법은 고객이 보이는 반응과 동일하게 보이면 된다. 이 엄살 피우기 전술이 영업실무자의 능력을 스스로 평가절하 하는 것이 아님을 인식하여야 한다. 이 전술을 사용한다고 영업실무자의 자존심에 상처를 받는 것 또한 아니다.

(3) 대응법

가. 고객이 엄살 피우기에 흔들리지 마라.

나. 때로는 고객의 엄살을 못 들은 척하라.

다. 계속 고객이 엄살을 피우면 먼저 요구조건을 제안하도록 하라.

라. 고객의 조건이 무리가 된다면 상사 핑계를 댄다. 어느 정도 합리적인 수준이라면 등거리법칙을 활용한다.

마. 고객으로부터 늘 듣는 이야기라고 대꾸하라. "고객님들은 다 그렇게 말씀하시지만 결국 이 제품의~한 편리함 때문에 제 가격을 주시고라도 구매하십니다."

바. 고객의 체면을 자극하라. "고객님이면 이 정도 제품을 구매하셔도 예산을 충분히 계획하실 수 있으실 것 같은데요."

사. 교환의 전략을 구사하라. "그럼 가격을 조정해 드리면 어떤 양보를 해 주실 수 있으신지. 혹~은 가능하신지요?"

5) 현안에 집중하지 못하고 쟁점에서 벗어날 때

(1) 의미

고객이 협상(흥정)의 현안에서 벗어나 개인적인 이야기(출신학교,

결혼 여부, 고향, 회사의 분위기 등)를 꺼내면서 주제에서 벗어난다.

협상(흥정) 중 고객이 갑자기 상품의 SPEC를 묻는다. 그러면서 영업실무자의 대답을 듣는 도중 또 가격에 대한 이야기를 한다. 협상(흥정)의 쟁점이 아닌 조건을 들추기도 하고 다른 경쟁사 이야기도 한다. 도무지 고객이 협상(흥정)에 올바르게 임하고 있는지 판단하기 어렵다. 이러한 반응은 대부분 영업실무자를 흔들기 위한 전술이다.

(2) 대응 방법

고객이 협상(흥정)의 쟁점과 상관없는 다른 쟁점을 이야기하거나 협상(흥정)과 관련이 없는 이야기로 시간을 끌거나 협상(흥정)을 지연시킬 때 영업실무자는

가. 협상(흥정) 아젠더를 준비하라. 오늘 상담의 주제, 시간, 방법, 목표 등

나. 협상(흥정)에 들어가기 전 아젠더를 합의하라. 협의할 쟁점과 협상(흥정) 소요시간 등을 합의하라.

다. 상대의 감정을 이해하고 상황판단을 해 결정하라. 도저히 협상(흥정)에 집중할 수 없다고 판단되면, 다음 협상(흥정)을 제안하라.

라. 개인적인 이야기는 나중에 하고 지금은 현안에 집중하자고 한다.

마. 때로는 적절한 대답을 하면서 상대의 이면을 파악한다.

바. 인간적인 관계를 중요하게 여기는 고객일 수 있다. 고객에 대한 정보도 파악하면서 협상(흥정)에 활용하도록 하라.

6) 마누라 핑계를 댈 때

(1) 의미

자신의 권한이 제한되어 있고 누구누구의 결정을 받아야 한다. 그 사람은~한 수준을 원한다는 등의 반응을 보이는 전술이다. 고객이든 영업실무자든 가장 자주 그리고 쉽게 활용할 수 있는 전술이다.

(2) 활용

영업실무자는 자신에게 협상의 권한이 제한되어 있는 것이 조직에서 협상(흥정)을 잘 수행하기 위한 전략적인 차원에서 결정된 사안이라는 것을 알아야 한다. 따라서 조직과 상사 핑계를 대면서 고객의 압박에 대응하고 효과적으로 극복하도록 하라. 이때는 다음의 몇 가지 TIP을 기억하도록 하라. 아래와 같은 방법은 매우 효과적이다.

　가. 모호한 실체 또는 멀리 떨어진 본사의 상급자.

　나. 당신이 결정권자임을 모르게 하라.

　다. 때로는 부하도 가능하다.

　라. 협상(흥정)을 할 때는 자존심을 버려라. 상급자, 마누라 핑계를 댈 때 상대가 당신의 능력과 권한에 대해 당신을 평가절하하면 절대 흔들려서는 안 된다.

(3) 대응 방법

고객이 마누라 핑계를 대면

　가. 선수를 치거나 맞대응을 한다.

　나. 그분을 직접 만날 수 있는지 물어본다. 그래서 당사자의 협

상(흥정) 권한과 진의를 파악한다.

다. 체면, 자존심을 자극한다.

라. 당신의 제안을 반드시 관철시키겠다는 확약(상사를 반드시 설득을 시킨다는 약속)을 받아 낸다. 고객이 요구조건을 수용하는 조건으로 한다.

마. 영업실무자도 상사 핑계를 대면서 조건부 제안을 한다.

바. 상사의 요구사항을 파악하라.

사. 다단계 상사 기법을 조심하라. 계속 상급자 핑계를 대는 전술을 조심하라.

7) 고객이 감정적으로 나올 때

(1) 의미

고객이 화를 내거나 영업실무자의 모든 제안에 대해 감정적으로 나온다. 무대포로 자신의 제안을 고집한다, 큰소리를 지르고 감정을 자제하지 못한다, 영업실무자의 제안을 고려해 볼 생각조차 없는 듯하다, 불쾌한 표정을 지으며 협상(흥정)에 적극적으로 임하지 않고 협상장소를 박차고 나갈 기세다 등등의 반응을 상대가 보일 때 어떻게 하면 좋을까? 협상(흥정)에서 고객의 모든 행동과 메시지는 의도된 목적이 있다고 받아들여야 한다. 고객이 영업실무자를 압박해 양보를 요구하며 다시 협상(흥정) 하도록 하는 것이다.

(2) 활용

영업실무자는 고객과 협상(흥정)을 하면서 어떠한 경우든 감정적이 되어서는 안 된다. 고객이 감정적으로 나오더라도 이를 지혜롭게 극복할 수 있어야 한다. 영업실무자인 당신을 구슬려서 원하는 것을 얻어 가기 위한 책략이다.

(3) 대응 방법

협상(흥정) 상대가 감정적으로 나올 때는 뭔가 원인과 이유가 있다. 영업실무자는 어떠한 경우든 감정적으로 대응해서는 안 된다. 상대가 감정적으로 나올 때는 아래와 같이 하면 효과적이다.

가. 기다려라. 감정을 다 표현할 때까지.

나. 침묵하라.

다. 상대가 감정을 다 표현하였을 때 그 이유를 물어라.

라. 현안으로 들어가라.

마. 협상(흥정)장을 절대로 떠나지 마라.

바. 상대방이 퇴장할 때

· 마음을 진정시키고 냉정하고 아무 말 없이 상대를 떠나보내라.

· 약간의 시간이 흐른 뒤 협상(흥정)을 재개하라.

· 먼저 전화를 걸어라 – 아무런 문제가 없다.

· 불쾌감을 준 것이 있다면 사과하라.

· 상대에게 추가 제안을 하도록 요구하라.

사. 상대가 화가 난 원인을 파악하고 이해하라.

· 비난하지 마라.

아. 상대가 분노를 표출할 기회를 주라.

· 화를 낼 때는 그냥 놔두라.

· 그의 감정을 인정, 이해해 주라.

・화내는 것이 끝나면 생각을 물어봐라(어떻게 하기를 바라는
    지 등).

자. 감정에서 벗어나라.

・상대의 화를 자신의 분노로 만들지 마라.

・방관하고 피하라. 감정적인 반응을 보이지 마라.

차. 그들이 자신들이 얻을 수 있는 잠재이익을 깨닫도록 도와
    주라.

・어떻게 전개되기를 바라는가?

・어떤 것을 하고 싶은가?

・어떻게 하면 이 상황을 개선할 수 있는가?

・문제를 논의하기 전에 분명하게 해 두고 싶은 것이 있는가?

8) 양보를 해도 양보해 주지 않을 때

(1) 의미

영업실무자가 고객이 원하는 조건을 양보해 주면서 반대급부로 고
객도 영업실무자가 원하는 조건을 양보해 주기를 바란다. 하지만 고객
은 그렇게 할 마음이 없다. 고객은 영업실무자의 쉬운 양보가 추가적
인 양보의 기회와 여지가 있다고 판단해 더 많은 양보를 요구한다. 영
업실무자의 양보에 고객은 양보로 보답하지 않는 경우가 대부분이다.

(2) 활용

만일 협상(흥정) 중 고객이 영업실무자의 요구를 아무런 조건 없이
받아들여 양보해 줄 때는 그대로 수용하도록 하라. 고맙다는 말을 자

제하도록 하라. 고객이 양보해 주지 않을 때는 양보한 조건을 철회하거나 양보의 폭을 줄인다.

(3) 대응 방법

일단 양보한 후 고객이 그 보답으로 양보를 해 주지 않을 때 영업실무자는 상당히 난감해진다. 하지만 그 양보가 많은 비용이 소요되거나 고객에게 잘못된 습관을 들일 것이 예상된다면 무리가 따르더라도 철회할 수 있어야 한다.

가. 철회해야 할 경우는 아래와 같이 하면 효과적이다.
- 고객이 피 한 방울이라도 짜내겠다고 나올 때
- 고객이 거래를 원하지만 시간을 끌면서 다양한 조건을 요구할 때
- 상대방의 제안보다 더 좋은 대안이 있을 때
- 상대방이 협상(흥정)의 내용을 준수할 것 같지 않은 확신이 들 때
- 단기 수익보다 장기적인 문제가 예상될 때 양보제안을 철회하는 것이 좋을 수도 있음

나. 철회에 성공하기 위해서는 아래와 같이 하면 효과적이다.
- 영업실무자의 양보제안을 철회하는 척하라.
- 고객이 다른 대안을 갖지 못하도록 하거나 그 대안의 가치를 떨어뜨려라.
- 우호적으로 접근해 마음을 움직여라. 이 철회전략을 사용할 때는 실행가능성을 고객이 믿어야 한다. 그리고 다음부터는 일방적인 양보는 없다는 것을 고객에게 알리는 것이다.

9) 양보만 계속 요구할 때

고객: 지난번 계약의 조건으로 제가 저희 남편에게 많은 질책을 받았습니다. 이번에는 계약조건들이 수정되어야 합니다.

영업실무자: 구체적으로 어떤 조건을 어느 정도로 원하시는지요?

고객: 그것은 그쪽에서 먼저 제안을 해야 하지요.

영업실무자: 그래도 원하시는 조건이 있을 듯한 데요.

고객: 그건 나중에 서서히 이야기하기로 하고 아무튼 제안한 조건으로는 어렵습니다. 다시 만나기로 하지요. 새로운 조건을 보고 다시 생각해 보겠습니다.

이렇게 고객은 자신의 요구는 말하지 않고 시간만 질질 끈다.

(1) 의미
고객이 자신은 양보하지 않으면서 혹은 양보할 생각이 없으면서 계속 양보를 요구한다. 협상(흥정)을 하는 중에 이러한 상황에 직면하게 되면 거래의 조건 중 일부를 양보할 수밖에 없는 상황에 봉착하거나, 고객의 우호적인 태도를 끌어내기 위해 전략적인 양보를 해야 하는 경우가 있다. 이때에도 효과적으로 양보를 하여야 한다.

(2) 활용
영업실무자가 고객에게 양보를 얻어 낼 때는 한꺼번에 많은 것을 얻도록 하라. 잦은 양보요구는 상대를 불편하게 한다. 그리고 양보의 비용이 상대에게는 큰 부담이 되지 않음을 강조하도록 하라. 그리고 영업실무자가 양보할 때는 조금씩 자주 양보하도록 하라. 그리고 그 양보의 가치를 고객이 알도록 하라. 가급적 숫자로 표현하는 것이 좋다.

(3) 대응 방법

영업실무자는 협상(흥정)에서 양보할 수밖에 없는 상황에 처하거나 전략적인 양보를 할 때는 다음의 방법을 활용하도록 하라. 목적은 양보의 비용을 최소화하는 것이다.

가. 부득이하게 양보할 때는 양보의 폭이 점점 작아지도록 하라.

나. 양보할 때는 여러 번 작은 양보를 자주 하도록 하라.

다. 양보로 고객이 얻는 이익을 명확하게 알도록 하라.

라. 양보의 비용이 크다는 것을 고객이 알도록 하라.

마. 가능하다면 조건부 양보를 하라.

바. 절충, 타협, 교환의 가능성을 타진하라.

사. 매몰비용을 강조하라.

아. 고객의 한계를 파악하고 활용하라.

- 구매 시한, 재고수준, 내부 협의 수준, 불편함, 외부의 압박 등
- 보다 큰 이익을 강조하면서 접근하라.
- 상사 핑계를 대면서 여유를 가져라.
- 상대의 다른 이해관계자를 활용한다.
- 대안을 마련하고 조급함을 버려라.
- 경청을 하고 이면을 파악하라.
- 상대를 진정으로 도와줄 마음이 있음을 보여 주면서 상대의 요구조건을 말하도록 하라.
- 이런 상대와 협상(흥정)을 할 때는 미리미리 준비하고 협상(흥정)에 들어가라.

- 영업실무자는 자신이 가진 시간의 한계라는 문제를 미리 극복하라.

10) 상대가 위협을 하면서 최후통첩을 할 때

"도대체 일을 하자는 것입니까! 아니면 일을 망치자는 겁니까! 어떻게 그러한 조건을 제안합니까!"

"더 이상 이야기해 봐야 진전이 없겠군요. 내일까지 답을 주세요. 우리 조건대로 계약을 할 건지 아니면 없었던 일로 할 건지. 그럼 오늘은 여기서 끝내지요" 하면서 자리를 박차고 일어나 나간다.

고객은 강경한 방법으로 마치 구매를 포기하겠다는 듯이 영업실무자를 위협하고 언제까지 결정을 해 달라는 최후통첩을 날린다. 영업실무자는 어떻게 해야 좋을까? 하지만 거래 자체를 포기하겠다는 말은 없다.

(1) 대응 방법
가. 위협을 무시하라. 평소처럼 행동하라.
- 그래서 상대가 자신의 최후통첩을 철회할 기회와 시간을 주라. 적당한 시간이 흐르고 필요하면 상대가 다시 협상에 임한다.
- 다른 방법을 제안하라.
  - "그럼 다른 문제부터 다루도록 하지요."
  - "좀 더 노력하면 합의점에 도달할 것 같은데……"
  - 좀 더 당신을 이해할 수 있도록 도와주라. 무엇이 원인

이라고 생각하는가?

나. 상대방의 추가위협을 무력화하라.

· 미리 대비하라.

· 다른 힘이 있는 사람과 함께 협상(흥정)을 진행하고 싶다고 제안하라.

· 상대방의 우려사항을 먼저 언급하면 상대의 적개심을 누그러뜨릴 수 있다.

· 왜 그렇게 행동하는지를 파악하라.

다. 위협이 설득력이 없다면 그 사실을 상대방에게 알려 주라.

· 이해관계를 언급하라.

· 영업실무자의 제약상황, 요소를 강조하라.

라. 조직 또는 상사 핑계를 대라.

1. 고객의 어떠한 책략에도 한계점은 있다.

2. 고객의 책략에 흔들리지 말고 전략적으로 대응하라.

3. 고객의 책략수준은 고객의 흥정능력을 보여 주는 것이다.

4. 고객의 심리를 파악해 협상책략에 대응하라.

5. 협상의 책략에는 매우 다양한 종류가 있다.

6. 영업실무자도 적절한 협상의 전술(책략)을 활용할 수 있어야
   한다.

7. 협상의 성과는 갑과 을의 관계가 아니라 협상을 준비하고 전개
   하는 능력이 결정한다.

맺음말

　영업실무자들에게 영업을 잘하기 위해 필요한 것이 무엇인가라는 질문을 던지면 어떠한 답이 나올까? 개인적인 자질(인간적인 매력 등)의 부분도 있을 것이고 우리가 영업스킬이라고 알고 있는 다양한 자질(상담스킬, 설득력 등)들도 있을 것이며, 조직의 지원(권한, 영업시스템, 더 많은 광고 등)도 있을 것이다.

　영업업무는 누구나 할 수 있지만 아무나 최고의 영업실무자가 되지 않는다. 최고의 영업실무자가 되기 위해서는 타고난 자질도 중요하지만 영업업무를 제대로 수행할 수 있는 역량들의 준비가 절대적으로 요구된다. 고객을 이해하는 능력, 고객의 요구를 파악하고 자사의 상품으로 연결하는 능력, 고객의 거절, 거부를 극복하고 고객의 마음을 열고 영업실무자의 제안을 고객이 받아들이도록 하는 능력, 경쟁자 혹은 경쟁사를 극복하고 고객의 선택을 받을 수 있는 경쟁우위 및 차별화 요소 개발, 고객과 시장의 흐름과 트렌드를 읽고 그 속에서 영업의 기회를 발굴하는 능력, 인간적인 매력, 커뮤니케이션 기술, 판단력과 결정능력, 조직과 주변의 자원을 활용하는 영향력, 순간순간 고객 마음의 변화에 대응하는 유연함 등 수많은 능력이 요구된다.

　따라서 영업은 개인이 가진 개인적인 자질에 영업업무 고유의 업무수행 역량이 갖춰진 사람만이 영업의 전문가, 최고의 영업실무자가 될 수 있다. 이는 영업업무를 하고 있는 영업실무자의 끊임없는 자기 계발 노력이 요구된다.

B2C영업의 고객은 대부분 개별고객이자 소비자들이다. 그들은 개인적인 취향과 스타일, 네트워크, 추구하는 삶의 목표와 라이프스타일, 서로 다른 개성 등을 복합적으로 구매 결정에 동원한다. 옷을 구매하러 매장에 들른 고객, 자동차를 구매하려고 영업소를 방문한 고객, 정수기를 사려는 고객 등은 자신이 들른 매장의 분위기, 판매직원들의 표정과 태도, 언어 사용 수준 등에 직접적인 영향을 받는다. 그래서 마음에 들지 않으면 쉽게 다른 매장으로 이동한다. 재테크를 위해 은행 혹은 증권사의 지점을 들른 고객 또한 지점의 분위기, 직원들이 보여 주는 업무수행 능력-상담능력, 상품에 대한 지식, 고객을 진정으로 도와주려는 의지 등-에 직접적인 영향을 받는다. 필자 또한 이러한 요소의 영향력으로 증권사를 3번이나 옮겼고 한 은행과는 거래하지 않는다. 물론 다른 제품의 매장 역시 마찬가지이다.

영업실무자들은 자신의 업무가 고객을 위해 존재한다는 마음으로 고객의 니즈와 욕구를 충족시켜 주어야 한다. 만족한 고객은 영업실무자와 영업조직에 반드시 보상한다. 영업실무자는 고객에게 가치 있는 솔루션을 제공하기 전까지는 그 어떠한 것도 고객으로부터 얻을 수 없다는 것을 알아야 한다. 이 책의 전체 흐름의 핵심은 고객의 니즈와 필요 중심의 영업활동을 하라는 것이다. 이 책이 B2C영업실무자들이 갖고 있는 갈증을 해소할 수 있는 기회가 되기를 바란다.

송균석

현) 건국대학교 경영학과 교수
　　글로벌경영학회 부회장
　　한국상품학회 부회장
　　한일경상학회 부회장

저서) 『지식경영의 시대(역서)』
　　　『NON 호모 이코노미쿠스』 등

노진경

현) SMi-Lab세일즈마스타 대표
　　한국생산성본부 지도교수
　　한국표준협회 경영전문위원
　　한국HRD교육센터 교수
　　한국HRD교육방송 세일즈아카데미 교수
　　조세일보 세일즈컬럼리스트
　　한국영업관리학회 상임이사
　　한국대강소기업상생협회 전문위원

저서) 『영업달인의 비밀노트』
　　　『영업협상! 이렇게 준비하고 끝내라』 등

B2C영업 실전전략 [2018 개정판]

초판인쇄 2018년 1월 15일
초판발행 2018년 1월 15일

지은이 송균석 · 노진경
펴낸이 채종준
펴낸곳 한국학술정보㈜
주소 경기도 파주시 회동길 230(문발동)
전화 031) 908-3181(대표)
팩스 031) 908-3189
홈페이지 http://ebook.kstudy.com
전자우편 출판사업부 publish@kstudy.com
등록 제일산-115호(2000. 6. 19)

ISBN 978-89-268-8192-7 13320